# MEHR ALS ÜBERWINDER

## Die Abenteuer des Glaubens gehen weiter

TERRY L. MIZE

Die Bibelstellen wurden der Schlachter-Bibel 2000 (SLT), der Revidierten Elberfelder-Bibel (ELB) und der Luther-Bibel 2017 (LUT) entnommen.

**More Than Conquerors / German**
*ISBN: 0-89274-724-2*

P. O. Box 271053
Corpus Christi, Texas 78427, USA
*www.terrymize.com*

**Deutsche Herausgabe und Vertrieb:**

Nibelungenstraße 1, 94086 Bad Griesbach, Deutschland
www.shalom-verlag.eu

*ISBN 978-3-947354-22-1*

Übersetzung: Harriet von Stauffenberg
Lektorat: Doris Martini, Inge Stechbarth, Melanie Pontasch
Satz und Layout: Daniel Martini
Druck: booksfactory.de

Worte, die der Autor besonders betonen möchte, wurden *kursiv* gedruckt.

# Inhalt

… aber in diesem allen sind wir mehr
als Überwinder durch den,
der uns geliebt hat.

— Römer 8,37 (ELB)

# Vorwort

Sehr wenige Männer und Frauen, die heute in der Mission tätig sind, leben gemäß der Bestimmung Gottes für ihr Leben. Tatsächlich kommt das Wort Missionar im Neuen Testament gar nicht vor. Je mehr ich Gottes Wort studiere, desto mehr bin ich davon überzeugt, dass Menschen, die eine Bestimmung zur Mission in ihrem Leben haben, eigentlich Apostel sind und in apostolischer Kraft wandeln sollten.

Ich bin sicher, du wirst genauso begeistert sein wie ich, als ich dieses Buch von Terry Mize zum ersten Mal las. Es ist begeisternd, einen Menschen in apostolischer Kraft und in der Bestimmung wandeln zu sehen, die Gott seinem Leben gegeben hat.

Ich habe Terry Mize über die Jahre im Glauben wachsen sehen. Ich habe seine Kühnheit gesehen. Ich habe gesehen, wie sein Dienst für das Reich Gottes arbeitet. Ich freue mich riesig und fühle mich geehrt, an diesem Buch und dem Dienst dieses Glaubensmannes beteiligt zu sein.

Nichts ist so begeisternd und herausfordernd wie der Wandel in der Salbung Gottes. Diese Salbung zu erleben bedeutet, das Höchste und Beste auf dieser Erde zu erleben. Zu sehen, wie der Not der Menschen direkt vor deinen Augen begegnet wird; zu sehen, wie Gott sich in Seiner Macht und Herrlichkeit bewegt; zu sehen, wie der Sohn Gottes, Jesus von Nazareth, vor den Menschen verherrlicht wird, ist das großartigste Abenteuer, das Gott je für die Menschheit geplant hat.

Heute lernen wir etwas Herausragendes: Die Salbung der Kraft ist nicht nur für Männer und Frauen in der Mission oder auf der

Kanzel zugänglich, sondern für jedes Glied des Leibes Christi, dasS sich als Werkzeug für Jesus zur Verfügung stellt.

Lies dieses Buch. Lass dich begeistern. Dann lies es nochmal. Lies es immer wieder, bis du begreifst, dass es um Gottes Wort geht, nicht nur um die spezielle Berufung oder den speziellen Dienst, den Gott auf Terry und Jackie Mize gelegt hat.

Wo das Wort ist, ist die Kraft. Gottes Wort ist Seine Kraft.

Wir leben in den Zeiten, die von alters her prophezeit wurden. Wir leben in den Zeiten, die die Propheten des Altertums zu sehen und ein Teil davon zu sein ersehnt haben. Lasst uns alle entschlossen unsere Plätze in dieser großen Endzeitbewegung des Geistes Gottes einnehmen. Jesus kommt bald – früher, als irgendjemand von uns denken oder begreifen kann.

Triff beim Lesen dieses Buches die Entscheidung, deinen Platz einzunehmen und deinen Teil beizutragen. Gemeinsam mit dem Wort Gottes und der Kraft des Heiligen Geistes, der vollen Waffenrüstung Gottes, dem Gebet, dem Namen Jesu, und all den großartigen Dingen des Leibes Christi, die für uns zusammenarbeiten, können wir alles tun, wozu Gott uns beruft. Wir können alles Notwendige tun, um die Nationen zu der Erkenntnis zu bringen, dass Jesus Christus von Nazareth tatsächlich lebt. Gemeinsam können wir es tun!

Mein Gebet ist, dass der Herr dich segnen möge und Sein Allerbestes kontinuierlich in deinem Leben Gestalt annehmen möge.

Jesus ist Herr!

Kenneth Copeland
Fort Worth, Texas

KAPITEL 1

# Anhalter!

Lass mich dieses Buch mit einem Ereignis beginnen, das ich erlebt habe. Du hast vielleicht schon davon gehört, da andere Geistliche es auch erzählen, einige haben es sogar in ihre Bücher aufgenommen.

Ich teile es dir mit, weil es nicht nur eine spannende missionarische Kriegsgeschichte ist, sondern weil es die Vollkommenheit von Gottes Wort zeigt, die Macht des Namens Jesu und die Autorität des Glaubenden.

Das Wort Gottes, der Name Jesu und die Autorität des Glaubenden funktionieren prinzipiell bei jedem, der sie anwendet. Sie sind Gottes Wort, und Gottes Wort funktioniert.

Im Oktober 1974 lebten und arbeiteten meine Frau Jackie und ich als Missionare in Guadalajara, Mexiko. Ein Freund von uns, Randy Nichols, kaufte eine Orgel und eine Lautsprecheranlage für unsere Arbeit in Mexiko. Ich musste nach Houston, Texas fahren, um beides abzuholen und nach Mexiko zu bringen. Wir hatten einige Monate vorher unser neues Auto bekommen. (Das war eines von vielen Autos, die uns der Herr gegeben hat. Ich liebe Gottes Zahlungspläne – keine Anzahlung und keine monatlichen Raten.)

## ENTMUTIGENDE WORTE KÖNNEN TÖTEN

Kurz bevor ich Mexiko verließ, sprach ich mit einem anderen Missionar, der sagte: „Terry, du weißt, dass wir Missionare jederzeit bereit sein müssen, für Jesus zu leiden. Manchmal gehen wir in die Dörfer und kriegen Blutegel, Läuse, Zecken, Flöhe, Bettwanzen – und alle möglichen Sachen. Wir müssen all diese Entbehrungen ertragen – schlechtes Wasser trinken und schlechte Nahrung essen und davon krank werden."

Er fuhr fort: „Wir müssen einfach mit diesen Dingen klarkommen. Das ist unser vernünftiger Gottesdienst [Römerbrief 12,1]. Es könnte sogar ein Betrunkener auf uns schießen und uns töten, während wir gerade in einem abgelegenen Dorf predigen. Das ist das Schicksal eines Missionars."

An diesem Punkt fragte ich: „Bist du fertig?"

„Ich denke, ja", antwortete er. „Warum?"

„Mein Bruder", stellte ich fest, „ich weiß nicht, auf welcher Seite des Missionarshandbuches dieses Zeug steht, wo du es herhast, aber du hast es nicht aus Gottes Wort."

Ich verstand seine Sorge, da ich auch an solchen Orten gewesen war und gelebt hatte. Du kannst dir nicht vorstellen, was für Zustände Missionare vorfinden – schlechtes Wasser, schlechte Nahrung und so weiter. Es ist eine spezielle Salbung nötig, um Affenleber, Augäpfel von Fischen, Rattensuppe und andere Delikatessen weltweit essen zu können. Ich habe es getan. Ich weiß es!

Ich fuhr fort: „Ich habe an diesem ‚werde krank und bekomme Ungeziefer–Programm' nicht teilgenommen. Ich habe gebetet und Gott und Seinem Wort geglaubt. Als ich mit 18 Jahren auf meiner ersten Missionsreise bei den Choco–Indianern im Dschungel

Panamas war, lernte ich schnell, Gott zu vertrauen, dass ich keine Blutegel oder anderes Ungeziefer bekommen würde. Manchmal mussten die Indianer den Körper eines Missionars mit Jagdmessern abkratzen, um ihn von den Blutegeln zu befreien, aber ich bekam nie welche."

Ich sagte: „Und was das Essen betrifft, das Wort Gottes sagt, dass ich etwas Tödliches trinken kann und es wird mir nicht schaden." (Markus 16,18)

Ich bin so froh, dass der Heilige Geist das in die Bibel hineingelegt hat! Ich glaube, es gibt einige Schriftstellen, die Er extra für Missionare eingefügt hat. Eine davon ist: „Esst alles, was euch vorgesetzt wird." (1. Korinther 10,27) Das ist eine Schriftstelle für Missionare, von der ich wünschte, sie stünde nicht in Gottes Wort! Aber mittlerweile frage ich gar nicht mehr, was ich da esse. Ich sage einfach: „Danke, Herr." Und esse es!

Ich erzählte dem Mann mit den entmutigenden Worten, wie ich gelernt hatte, Gott zu glauben.

Ich sagte: „Das Wort Gottes gilt uns allen. Wir müssen uns nicht mit Ungeziefer abfinden oder krank werden. Wenn jemand kommt und mich erschießt, wem würde ich damit nützen?"

„Wenn ich meine Frau und meine Familie in Guadalajara zurücklasse, um hinauf in die Dörfer zu fahren – hoch in den Bergen, wo keiner weiß, wo ich bin – und irgendein Betrunkener kommt vorbei und erschießt mich, weil ich das Wort Gottes predige oder weil ihm nicht gefällt, wie ich aussehe, oder weil er vom Teufel besessen ist, wem würde ich damit nützen?"

„Meine Familie würde mich nie wiedersehen. Sie würden nicht wissen, was mit mir geschehen ist. Ich hätte ihnen nicht geholfen und auch nicht den Dörflern, zu denen ich predigte. Sie würden beschließen, dass das, was ich gepredigt habe, nicht wahr ist, weil es nicht wirklich funktioniert hat."

„Und ich hätte auch dem Typen, der mich erschossen hätte, nicht geholfen. Ich hätte nur noch einen Mord seinen Problemen hinzugefügt. Das ist Drückebergerei. Alles, was ich tun würde, wäre, eine einfache Fahrt in den Himmel zu nehmen."

„Und ich werde dir noch etwas sagen! Wenn jemand eine Waffe auf mich richtet, werde ich Gottes Wort auf ihn richten und ihn zusätzlich gewinnen!"

## MEIN GLAUBE WIRD GETESTET

Kurze Zeit später fuhr ich nach Houston, um die Orgel und die Lautsprecheranlage abzuholen. Diese Ausrüstung überhaupt nach Mexiko zu importieren ist ein weiteres Zeugnis! Es ist sogar illegal, einen elektrischen Dosenöffner nach Mexiko einzuführen, ganz zu schweigen von den Sachen, die ich mitbrachte.

Als ich die Grenze Texas–Mexiko erreichte, musste ich jedes Teil der Ausrüstung im Beisein der Grenzbeamten auflisten und fast damit drohen, Feuer vom Himmel auf sie herab zu rufen, um es zu behalten!

Als ich schließlich nach Mexiko einreisen durfte, verbrachte ich eine Nacht in einer kleinen Stadt namens Zacatecas.

Am nächsten Morgen brach ich nach Guadalajara auf, das ungefähr vier oder fünf Stunden entfernt lag. Ich war etwa zehn Tage weg gewesen und wollte rasch wieder nach Hause. Jackie hatte unseren zweiten Sohn geboren, und ich hatte sie vom Krankenhaus nach Hause gebracht, kurz bevor ich nach Houston aufbrach.

Als ich aus Zacatecas herausfuhr, sah ich einen Anhalter am Straßenrand stehen. Zunächst fuhr ich vorbei, aber dann hatte ich den starken Eindruck, dass der Mann Jesus brauchte. Gott sprach nicht zu mir und sagte mir, dass ich ihn mitnehmen sollte. Aber ich hielt den Wagen an und fuhr zurück; er stieg ein und wir fuhren los die Straße runter.

Nachdem ich all mein Spanisch zusammengekratzt hatte, um ihm von Jesus zu erzählen, drehte ich mich zu ihm, um etwas zu ihm zu sagen – und da saß er mit einer Waffe in seiner Hand!

Als er mich auf die Waffe starren sah, stieß er sie in meine Rippen, streckte seine linke Hand aus, packte mich am Kragen und fing an, zu schreien und mich anzubrüllen: „Ich werde dich umbringen!"

Ich sagte: „Das kannst du nicht tun, ich bin ein Mann Gottes."

Wieder schrie er und brüllte mich an, dass er mich umbringen würde, und wieder sagte ich: „Du kannst das nicht tun. Ich bin ein Mann Gottes."

Als ich die Waffe in seiner Hand sah, schlug mir natürlich zuerst das Herz bis zum Hals. Der unerwartete Anblick einer Waffe machte mir Angst! Aber ich kannte das Wort Gottes gut genug, um zu wissen, dass Angst und Glaube Gegensätze sind.

## Angst ist das Gegenteil von Glauben

Satan wird durch Angst angezogen. Gott wird durch Glauben angezogen. Glaube und Angst können nicht gleichzeitig agieren. Ich wusste das, so schüttelte ich meine Angst ab und sagte zu mir selbst:

„Denn Gott hat uns nicht einen Geist der Furcht gegeben, sondern der Kraft und der Liebe und der Besonnenheit. (2. Timotheus 1,7 LUT); Furcht ist nicht in der Liebe, sondern die vollkommene Liebe treibt die Furcht aus (1. Johannes 4,18); Gott ist Liebe (1. Johannes 4,16b), und ich habe Gott. Also, Angst, verschwinde im Namen Jesu! Ich dulde dich nicht!"

Nachdem ich die Angst weggeschickt hatte, musste ich mit einem anderen Umstand umgehen: gedankliche Zustimmung. Ich glaube, es war Frances Hunter, der Menschen als „Ziegen-Christen" bezeichnet hat.

Sie sagen: „Ich glaube dem Wort Gottes, aber…". Sie „abern" immerzu alles: „Sicher, ich glaube dem Wort Gottes, dass wir durch die Wunden Jesu Christi geheilt sind, aber ich habe da diesen Schmerz… Ich weiß, Gott ist meine Quelle, aber mein Konto ist leer."

Das ist „gedankliche Zustimmung" zum Wort Gottes. Das ist keine wahre Überzeugung und schon gar kein Glaube. „Ziegen-Christen" glauben dem Wort, aber handeln in Übereinstimmung mit den Umständen.

In diesem kritischen Moment in Mexiko musste ich „wissen, dass ich weiß, dass ich weiß": Ich glaube dem Wort Gottes.

Ich hatte eine Kassette von Kenneth Copeland mit dem Titel „Die Vollkommenheit von Gottes Wort" gehört, also ließ ich das Band weiterlaufen. Wenn es je eine Zeit gegeben hat, wo ich diese Botschaft hören musste, dann jetzt!

Als ich weiterfuhr, schrie der Anhalter immer wieder, dass er mich töten würde, und ich sagte immer wieder: „Das kannst du nicht tun. Ich bin ein Mann Gottes. Ich habe Autorität über dich, in Jesu Namen. Du kannst mich nicht töten; du kannst mir in keiner Weise schaden."

Das konnte er nicht verstehen. Nach „vernünftigen" weltlichen Maßstäben sah ich überhaupt nicht so aus, als hätte ich Autorität über die Situation.

Wenn du das alles von einem Zuschauersitz an der Straße aus beobachtet hättest, wer – hättest du gedacht – würde gewinnen?

Die meisten Menschen würden sagen: „Der Typ mit der Waffe."

Wie auch immer, die Bibel sagt: „Der Mann mit dem Wort Gottes gewinnt!"

Ich wies den Anhalter auf Englisch, auf Spanisch und in Zungen zurecht. Ich erinnerte Gott daran, was Sein Wort sagt. Ich sagte beiden, dem Teufel und dem Mann, was das Wort Gottes zu sagen hatte. Gleichzeitig hörte ich das alles und erinnerte mich selbst an das Wort. Also ist der Glaube aus der Verkündigung, die Verkündigung aber durch das Wort Christi. (Römer 10,17 ELB)

## Glaube muss von einem erneuerten Sinn angetrieben werden

Wie auch immer, meine Gedanken rasten. Du weißt, wie der Verstand in einer Notsituation arbeitet. Der Teufel erinnerte mich an all die Tricks, die ich im Fernsehen gesehen hatte. Ich überlegte, auf die Bremse zu treten und die Waffe zu greifen – ich habe an all diese Möglichkeiten gedacht!

Einmal erzählte mein Freund Jerry Savelle die Geschichte von dem, was mir passiert ist, und sagte:

„Wenn Terrys Gesinnung durch Fernsehdetektive erneuert worden wäre, hätte er getan, was sie tun. Aber nachdem seine

Gesinnung durch das Wort Gottes erneuert wurde, benutzte er Gottes Wort."

Du musst dafür sorgen, dass das Wort reichlicher in dir wohnt als irgendetwas sonst. Ich war froh, dass ich wusste, dass Gottes Wort Leben für mich bedeutete, in einer Situation, in der die Möglichkeit bestand, nicht mehr sehr lange zu leben.

Ich sagte dem Anhalter, dass ich ein Geistlicher sei. Er wusste nicht, was ein Geistlicher ist.

Ich sagte ihm, ich sei ein Prediger. Er wusste nichts von einem Prediger.

Ich sagte ihm, ich wäre so etwas wie ein Priester, und nachdem Mexiko größtenteils katholisch war, wusste er, was ein Priester ist.

Aber er hatte keine gute Beziehung zu seiner örtlichen Kirche, also war er nicht sonderlich beeindruckt davon, dass ich ein Priester war.

Er sagte mir nur immer wieder, dass er mich töten würde, und ich sagte ihm immer wieder, dass er das nicht tun würde.

Ich sagte zu Gott: „Vater, Jesus hat gesagt, dass ich Macht habe über alle Gewalt des Feindes. Alle! Und nichts – nichts – wird mir schaden." (Lukas 10,19)

Ich setzte meinen Glauben mit Worten frei, worüber ich später froh war.

Ich sagte: „Gott, wenn er den Abzug zieht, ist es meine Aufgabe, Deinem Wort zu glauben, und Deine Aufgabe ist es, etwas mit der Kugel zu machen. Es ist Deine Aufgabe, etwas mit der Kugel zu machen und Du hast nicht sehr viel Platz damit zu arbeiten, da der Lauf direkt an meiner Seite ist."

Das klingt jetzt vielleicht komisch, aber damals war es das nicht. Ich sagte das zu Gott, weil ich es glaubte, und das tue ich heute noch.

An manchen Orten, an denen ich dieses Zeugnis mitteilte, kamen Leute zu mir und sagten: „Ich habe genau so ein Zeugnis wie du – außer, dass ich ausgeraubt wurde."

## Deine Worte machen den Unterschied

Ich muss diesen Menschen sagen, dass ihr Zeugnis nicht genau so wie meines ist. Ich habe nicht verloren; ich habe gewonnen.

Wenn ich mir die Zeit nehme, ihnen zuzuhören, finde ich heraus, wo der springende Punkt ist. Ein Mann sagte mir, er hätte ein Zeugnis genau so wie meines – außer, dass er angeschossen wurde.

Er sagte: „Ich nahm einen Anhalter mit, der eine Waffe auf mich richtete, und ich sagte: ‚Halleluja!', und er schoss auf mich." Ich sagte: „Nun, das liegt an dem, was du gesagt hast."

Der Unterschied liegt darin, was du sagst.

Eine Frau schrieb mir aus Südmexiko: „Terry, ich wünschte, du wärest hier gewesen mit deinem Glauben und deinem Befreiungsdienst, aber du wärest mit diesem Typen wahrscheinlich auch nicht klargekommen. Er war von Dämonen besessen. Mein Mann sagte: ‚Jesu Blut hat Macht', aber der Typ hat ihn trotzdem geschlagen."

Ich schrieb zurück, dass ihr Mann genauso gut hätte sagen können: „Das Gras ist grün und der Himmel ist blau."

Er hat nur eine Wahrheit ausgesprochen. Er stellte eine Tatsache fest, ohne seine Worte mit einer Handlung zu verbinden.

Natürlich, das Blut Jesu hat Macht, aber er hätte sagen können: „Die Sonne wird morgen aufgehen", und damit eine Wahrheit ausgesprochen. Lediglich die Fakten oder die Wahrheit zu erklären, ist nicht wirksam.

Der Mann hätte sagen sollen: „Satan, bleib genau da stehen! Du wirst Gottes Gesalbten nicht antasten. Keinen Schritt weiter! Jetzt, Teufel, verschwinde aus ihm im Namen Jesu!"

Ich sagte das immer wieder zu dem Anhalter, und er wurde immer wütender auf mich. Jedes Mal, wenn der Teufel versuchte, Gedanken in meinen Geist zu bringen, zog ich mich selbst mit meiner linken Hand am Ohr und sagte: „Jetzt, Terry, sagst du, was Gottes Wort sagt. Du wirst dies im Geist bewältigen."

Wisst ihr, Elia sagte einfach: „Lasst uns Gott Gott sein lassen. Wenn Baal Gott ist, folgt ihm nach. Wenn aber Gott Gott ist, dann folgt Ihm nach." (1. Könige 18,21)

Gott zeigte Seine Stärke und Elia tötete alle Baalspriester.

(1. Könige 18,24.40)

Ich sagte: „Gott, ich werde Dich Gott sein lassen. Ich werde das im Geist bewältigen. Ich weigere mich, irgendetwas im Fleisch zu tun. Ich werde das Wort Gottes an diesem Typen anwenden und ich werde gewinnen. Ich bin mehr als ein Überwinder!"

Je mehr ich redete, umso wütender wurde er. Was ich sagte, ergab überhaupt keinen Sinn für ihn. Er hielt die Waffe an meine Rippen, den Auslöser gespannt und seinen Finger am Abzug, aber ich verhielt mich nicht nach seinen Erwartungen.

Einmal fragte er mich: „Hast du gar keine Angst?"

Ich antwortete: „Warum sollte ich Angst haben? Alles, was du hast, ist eine geladene Waffe, aber ich habe den Namen Jesu."

Er langte hinunter und hob eines der Mikrofone auf, die neben mir auf dem Sitz lagen, und ich rief: „Leg das wieder hin! Es gehört Gott. Alles in diesem Auto gehört Gott. Ich gehöre Gott, das Auto gehört Gott, und du kannst nichts davon haben!“

Das machte ihn noch wütender und er rief: „Fahr rechts ran in das Maisfeld am Straßenrand, bieg hier ab!“

Als ich in das Maisfeld einbog, griff er rüber, schnappte sich die Autoschlüssel und schrie: „Raus hier!“

Ich stieg auf meiner Seite aus dem Auto aus, er auf seiner. Dann befahl er mir, zur Vorderseite des Autos zu gehen, und sagte: „Gib mir dein Geld, deine Uhr, deine Ringe und deine Sonnenbrille. Leg sie dort auf den Boden und dann geh zurück.“

Ich tat, wie mir gesagt wurde. Dann kam er herüber und bückte sich, um alles aufzuheben.

Als er in meine Nähe kam, steckte ich meinen Finger in sein Gesicht und sagte: „Ich binde dich im Namen Jesu Christi von Nazareth!“

Er hielt die Waffe zwischen meine Augen – den Auslöser immer noch gespannt und den Finger am Abzug – und gestikulierte wild mit seiner linken Hand.

„Halt deinen Mund!“, schrie er. „Wenn du noch ein Wort sagst, töte ich dich!“

Ich steckte ihm wieder meinen Finger ins Gesicht, hinter seine Waffe, und sagte: „Ich binde dich im Namen Jesu Christi von Nazareth und du kannst mich in keiner Weise töten oder verletzen!“

Augenblicklich sprang er zurück, senkte seine Waffe und schoss fünf Mal aus kürzester Entfernung auf mich. Ich habe mitgezählt!

Fünf Schüsse, und alle fünf Kugeln landeten im Boden zwischen meinen Füßen.

Der Anhalter sah irgendwie verwirrt aus. Er wich zurück, lud seine Waffe nach und forderte mich auf: „Geh los."

Während ich in das Maisfeld ging, erklärte ich: „Der, der in mir ist, ist größer, als der, der in der Welt ist (1. Johannes 4,4) ... Das Wort Gottes funktioniert ... Ich habe Autorität über den Feind!"

Nachdem wir etwa einhundertvierzig Meter gegangen waren, sagte er: „Zieh dich aus!"

## Der Glaube gewinnt immer

Ich tat es und da stand ich – Gottes Mann in Glaube und Kraft – in einem Maisfeld in Mexiko in meiner Unterwäsche. Aber ich gewann! Als er merkte, dass er mich nicht töten konnte, entschied er, mich auszurauben. Er nahm meine Kleidung, drehte sich um und ging weg mit meinen Autoschlüsseln in der Hand, fest entschlossen, mit meinem Auto wegzufahren.

Ich sagte: „Gott, ich habe getan, was Dein Wort sagt. Ich habe im Wort Gottes gehandelt, nicht im Fleisch. Ich habe Autorität über den Teufel genommen. Ich habe alles getan, was das Wort sagt. Also, entweder Dein Wort funktioniert oder es funktioniert nicht. Ich glaube, dass es funktioniert. Wenn nicht, werde ich ihm keine Beachtung mehr schenken. Ich werde es einfach wegwerfen. Aber ich glaube, dass es funktioniert. Es hat mich davor bewahrt, getötet zu werden – aber er kann mich auch nicht ausrauben! Und er ist fest entschlossen, in mein Auto einzusteigen."

Als er etwa achtzehn Meter von meinem Auto entfernt war, rief ich: „Gott, das ist nicht einer dieser Fälle, in denen ich die Antwort übermorgen brauche. Ich brauche die Antwort sofort!"

Dann schrie ich den Mann an: „Ich befehle dir im Namen Jesu hierher zurück zu kommen!"

Der Mann kam noch nicht mal aus dem Schritt, als er eine 180-Grad-Wendung machte und zu mir zurückkam!

Er warf mir meine Kleider zu und sagte: „Zieh sie an!"

Als ich mich wieder anzog, brüllte er: „Was ist es, worüber du mit mir reden wolltest?"

Er benahm sich so, als hätte ich eine Verabredung mit ihm.

## „Mi Casa Es Su Casa"

„Ich möchte über gar nichts weiter mit dir reden. Ich sage dir, dass ich ein Mann Gottes bin. Du hast erlebt, dass du mich nicht ausrauben oder töten kannst. Ich fahre jetzt nach Hause."

Sie haben ein Sprichwort in Mexiko: „Mi casa es su casa", was bedeutet: „Mein Haus ist dein Haus."

So sagte ich: „Wenn du mit mir nach Hause kommen willst, werde ich dir auf jede erdenkliche Weise helfen. Aber wir spielen nicht mehr nach deinen Regeln."

Er schüttelte seinen Kopf und sagte: „Weißt du, ich mag dich!"

Er steckte seine Waffe in seinen Gürtel und sagte: „Ich werde dir vertrauen."

Wie auch immer, als wir beim Auto waren, nahm er seine Waffe heraus und sagte: „Ich werde fahren. Du sitzt hinten."

„Nein!", antwortete ich ihm. „Ich bin ein Mann Gottes. Ich habe Autorität in dieser Situation. Du kannst nichts tun. Ich habe alle Autorität im Namen Jesu!"

Der Mann gab mir die Schlüssel, wir stiegen in mein Auto ein und fuhren los. Ich erzählte ihm, dass Jesus auf die Erde gekommen ist, um für ihn zu sterben, für ihn wiederauferstanden ist, und jetzt zur Rechten Gottes sitzt, um für ihn Fürsprache zu halten.

Wir kamen an einen kleinen Ort namens Jalpa, etwa auf halber Strecke zwischen Zacatecas und Guadalajara.

Er sagte: „Ich kann nicht mit dir nach Guadalajara kommen. Bring mich hoch in die Berge. Ich habe einige Freunde oben in den Sierras."

Ich willigte ein, dies zu tun. Er zeigte mir, wo ich abbiegen sollte und wir bogen nach rechts ab, direkt auf drei Polizisten zu, die sich gegen ein Polizeiauto lehnten, direkt vor der Polizeistation.

Er zog seine Waffe und sagte: „Tu gar nichts, oder ich werde dich töten und so viele Polizisten, wie ich kann, bevor sie mich töten."

Ich sagte: „Wofür brauche ich Polizisten? Ich habe den Namen Jesu."

„Ah, richtig", sagte er, als er seine Waffe wieder einsteckte. Wir fuhren etwa 50 Kilometer hoch in die Berge.

Schließlich hielt ich an und sagte: „Schau, ich kann dich nicht weiter bringen. Ich habe gerade noch genug Sprit bis Guadalajara, und ich habe dir mein ganzes Geld ($ 2) gegeben. Ich würde dir mehr Geld geben, wenn ich es hätte. Ich habe gerade genug, um nach Hause zu kommen, also fahre ich jetzt nach Hause. Du kannst entweder aussteigen oder mitkommen."

„Ich werde aussteigen“, sagte er.

Ich gab ihm noch etwas zu essen und ein paar andere Dinge, die ich von Houston mitgebracht hatte. Er fasste in seine Taschen und zog meine Uhr, die Ringe und all die anderen Dinge heraus, die er mir abgenommen hatte.

„Du kannst sie haben“, sagte ich.

„Du gibst sie mir?“

Ich sagte: „Du kannst sie mir nicht wegnehmen. Du kannst mich nicht ausrauben. Gib mir nur meinen Ehering und du kannst meine anderen Ringe, die Uhr und das andere Zeug haben. Jetzt möchte ich für dich beten, bevor ich fahre.“

Ich legte dem Anhalter meine Hände auf und betete für ihn. Ich sagte ihm, wo er mich finden konnte, wenn er wollte. Als ich abfuhr nach Guadalajara zu meiner Familie, stieg er hoch in die Berge.

Ich bin sicher, dass der Mann in dieser Nacht in den Bergen saß und sich wunderte, warum er kein reicher Mann war. Die Ausstattung, die ich mithatte, war in den Vereinigten Staaten Tausende Dollar wert, und das Dreifache in Mexiko. Er hätte ein vermögender Mann sein können.

Eine Waffe soll Macht und Autorität darstellen – nach weltlichem Verständnis. Aber die Autorität des Wortes Gottes ist die wahre Macht! Das Wort Gottes funktioniert, und das begeistert mich.

Ich bin froh, dass es denen, die es finden, Leben ist. (Sprüche 4, 20–22) Wenn es kein Leben für mich gewesen wäre, oder wenn ich es nicht gefunden hätte, hätten die Bussarde da draußen im Maisfeld meine Knochen abgefressen. Diese fünf Kugeln hätten mir den Rest gegeben.

Ich danke Gott für Sein Wort! Es ist Leben für die, die es finden, und Heilung für ihr ganzes Fleisch. (Sprüche 4, 22) Gott hält Sein Wort. Er erweist sich mächtig an uns, wenn wir gemäß Seinem Wort handeln. (2. Chronik 16,9)

## Gott handelt ohne Ansehen der Person

Einige Zeit nach meinem Erlebnis mit dem Anhalter nahm ich an einem Kenneth-Hagin-Camp-Meeting in Tulsa, Oklahoma, teil, als ein Mädchen zu mir kam und fragte: „Bist du Terry Mize?"

„Ja, der bin ich", antwortete ich.

„Ich habe Gott darum gebeten, dich zu treffen", sagte sie.

Ich dachte: „Das muss ein Witz sein. Warum sollte irgendjemand mich treffen wollen? Warum sollte irgendjemand Gott darum bitten, mich zu treffen?"

Sie sagte: „John Osteen kam ins Rhema Bible Center in Broken Arrow, Oklahoma, und hat uns dein Zeugnis mitgeteilt."

Ich sagte: „Nun, Preis sei dem Herrn!"

Sie fuhr fort: „In dieser Nacht, als ich Rhema verließ und nach Hause ging, war ein Mann in meinem Appartement. Er hatte seine Kleidung ausgezogen und wollte mich angreifen. Als ich reinkam und das Licht einschaltete, sah ich ihn. Ich erstarrte."

„Dann dachte ich an das Zeugnis, das Bruder Osteen gerade gegeben hatte. Ich dachte: ‚Wenn der Mann, von dem Bruder Osteen erzählte, das tun konnte, dann kann ich das auch.'

„So begann ich ihn zurechtzuweisen im Namen Jesu. Er drehte sich um, ging zurück ins Badezimmer, zog seine Kleider an, ging an mir vorbei, öffnete die Tür und ging."

Das war der Grund, warum sie mich treffen wollte. Dank sei dem Herrn, dass Sein Wort funktioniert! Du läufst herum mit der unbegrenzten Macht des Gottes des Universums in dir. Aber die meisten Christen sitzen in ihren Kirchen, auf ihrer gesegneten Sicherheit und tun nichts mit der Kraft, die in ihnen ist. Es liegt eine weltüberwindende Kraft in Gottes Wort, und in dir. Es liegt an jedem von uns, etwas daraus zu machen.

KAPITEL 2

# Als ich die Botschaft verstand

Gott begann mir Teile der Glaubensbotschaft im Jahr 1967 zu zeigen, als ich erst siebzehn war. Meine erste Predigt hielt ich dann über das Thema „Du kannst haben, was du sagst."

Ich begann mit Markus 11,23 und ging dann zu 1. Mose, als Gott die Welt mit Seinem Wort erschuf. Ich kam zum Buch Josua, wo Er die Sonne und den Mond mit Worten anhielt. Ich teilte mit, wie Gott Mose befahl, mit Worten Wasser aus dem Stein zu holen.

„Das ganze Alte und Neue Testament hindurch können wir lesen, wo Gott alles mit Seinem Wort erschafft", erzählte ich der Gemeinde.

Jesus sprach zu leblosen Objekten und sie gehorchten Ihm (Markus 4,39). Er sprach zu Toten und sie kamen zurück ins Leben (Johannes 11,43). Er sprach zu Dämonen und sie gehorchten Ihm (Markus 5,1–20, Lukas 8,26–39). Er sprach zu kranken Menschen und sie wurden geheilt (Johannes 5,1–16).

Bei meinen ersten Predigten war meine Vortragsweise nicht besonders gut, aber die Botschaft war gut. Wie auch immer, einige ältere Christen sagten mir, dass die Botschaft nicht richtig wäre, also legte ich sie beiseite und machte nicht damit weiter.

Schließlich fand ich durch persönliche Erfahrung heraus, dass die Botschaft doch korrekt gewesen war und diese erfahrenen Christen falsch gelegen hatten.

Etwa vier Jahre nach dieser Predigt war ich in der Armee. Eines Tages war ich auf dem Schießplatz, um einige Waffen auszuprobieren. Ich feuerte eine Pistole mit einem 45er Kaliber ab, aber ich konnte nichts damit treffen. Manche Menschen können ein Ziel mit einer 45er treffen, ich konnte es nie. Dann machte ich etwas Dummes: Ich hob meinen anderen Arm, legte den Lauf der Waffe auf meinen Unterarm, um sie nah an meinem Gesicht abzustützen, und feuerte.

Diese Pistole ist nicht dafür gemacht, um sie nah am Gesicht abzufeuern, sie ist gemacht, um sie auf Armeslänge Abstand abzufeuern. So wurde mein Trommelfell verletzt. Es ist normal, dass es auf dem Schießplatz in den Ohren klingelt, aber meine hörten nicht auf zu klingeln. Sie klingelten und klingelten und klingelten. Dies hielt Tage an, dann Wochen, dann Monate – vierundzwanzig Stunden am Tag. Meine Ohren hörten nie auf zu klingeln. Es war furchtbar – Tag und Nacht.

Mein Gehör ließ nach. Jackie fragte mich, ob ich bestimmte Geräusche hören konnte, aber ich konnte es nicht. Einmal, als wir in einem Restaurant in El Paso, Texas, waren, kam ein Mann herein, der Cowboystiefel und Sporen trug. Jackie fragte mich, ob ich seine Sporen hören konnte. Ich drehte mich zu ihm um und sah, wie seine Sporen sich auf und ab bewegten, aber ich konnte sie nicht klirren hören. Manche Geräusche waren für mich nicht hörbar.

Zu dieser Zeit wussten wir nicht viel über Glauben und Bekenntnis, und wir bekannten beide, dass ich „taub“ werden würde.

Wenn Jackie mich also fragte, ob ich ein bestimmtes Geräusch hören konnte, antwortete ich: „Nein, ich kann es nicht hören." Daraufhin sagte sie mir, ich würde taub werden. Dem stimmte ich zu, indem ich sagte: „Ja, ich werde wohl taub."

## Wer ist der Lügner?

Schließlich dämmerte es mir, dass ich etwas für meine Heilung unternehmen musste … oder ich würde taub werden. Ich wusste, dass Gott heilt. Das zu wissen war kein Problem. Ich nahm mir drei Tage von der Armee frei und fuhr in eine Stadt in West-Texas, wo ein Freund von mir, Tommy Williams, Pastor einer Gemeinde war. Er hat einen guten Heilungsdienst.

Als ich bei seiner Gemeinde ankam, bat ich ihn, für mich zu beten, da ich allmählich taub wurde. Er legte mir die Hände auf und betete. Er tat alles, was er tun sollte, und es passierte nichts. Als ich abreiste, klingelten meine Ohren genauso wie bei meiner Ankunft.

Am nächsten Tag, als ich allein unterwegs war, bevor ich nach El Paso zurückkehrte, fragte ich den Herrn: „Wie kann es sein, dass ich jahrelang für Menschen bete und sie geheilt werden – und ich nicht geheilt werde, wenn für mich gebetet wird?"

Der Herr antwortete: „Sohn, einer von uns ist ein Lügner."

Ich fragte: „Was hast Du gesagt?"

„Ich oder du – einer von uns ist ein Lügner", sagte Er.

Ich erwiderte: „Das verstehe ich nicht."

Der Herr sprach: „Dein Wort sagt, für dich wurde gebetet und du wurdest nicht geheilt. Mein Wort sagt, du wurdest geheilt durch Jesu Wunden (1. Petrus 2,24). Einer von uns ist ein Lügner.

Entweder ist Mein Wort nichts wert oder dein Wort ist nichts wert. Einer von uns ist ein Lügner."

Ich rief: „Mein Herr! Ich sehe es, aber ich verstehe es nicht. Wenn ich meine Ohren fragen würde, ob sie geheilt wurden, würden sie ‚Nein' sagen, weil sie immer noch klingeln. Aber Du sagst, dass sie geheilt sind. Der Allmächtige Gott des Universums sagt, dass sie geheilt sind. Wenn Gott sagt, dass ich geheilt bin, dann muss ich geheilt sein. Ich verstehe das nicht. Ich fühle mich nicht geheilt, ich sehe nicht geheilt aus, aber wenn Du sagst, dass ich geheilt bin, dann muss ich geheilt sein. Wenn der Allmächtige Gott des Universums sagt, dass ich geheilt bin, wer bin ich, zu sagen, dass ich es nicht bin? Ich muss geheilt sein, da Gott sagt, dass ich geheilt bin."

Ich fing an, dies im Auto zu bekennen, und ich gab Gott ein Versprechen:

„Vater, ich gelobe vor Dir, dass ich vom heutigen Tag an in jeder Sache meine Worte mit Deinen Worten übereinstimmen lasse – sei es meine Ehe, meine Kinder, mein Dienst, meine Finanzen oder meine Heilung. Was es auch ist, ich werde mich zwingen, in meinen Worten mit Deinem Wort übereinzustimmen. Wenn ein bestimmtes Thema aufkommt und ich nicht weiß, was Dein Wort dazu sagt, werde ich in Deinem Wort suchen und es nachschlagen. Ich werde herausfinden, was Dein Wort darüber sagt, und das ist es, was auch ich sagen werde. Ich werde mit Dir übereinstimmen."

Den ganzen Weg nach El Paso zurück sagte ich: „Ich bin geheilt. Das Wort Gottes sagt, dass ich geheilt bin, also muss ich geheilt sein. Durch die Wunden Jesu bin ich geheilt."

Meine Ohren klingelten immer noch und fühlten sich nicht anders an.

## Das Gebet der Übereinstimmung

Als ich in El Paso ankam, erzählte ich meiner Frau Jackie, dass meine Ohren geheilt worden waren.

„Oh!“, rief sie, „haben sie aufgehört zu klingeln?“

Ich antwortete: „Das ist nicht das Thema. Gott sagt, dass sie geheilt sind, und wenn Gott sagt, dass sie geheilt sind, müssen sie geheilt sein.“

Jackie guckte mich nur an und sagte: „Dem stimme ich zu.“

Preis sei Gott für eine Ehefrau, die einem zustimmt! Sie diskutierte nicht mit mir oder sagte: „Verstehst du, du bist nicht geheilt. Du kannst immer noch nicht hören.“

Sie sagte einfach: „Dem stimme ich zu.“

Wir haben Markus 11,23 für uns wirken lassen: „Du kannst haben, was du sagst.“

Außerdem haben wir Matthäus 18,19 für uns arbeiten lassen: „Wenn zwei von euch auf Erden übereinkommen, über irgendeine Sache, für die sie bitten wollen, so soll sie ihnen zuteilwerden von meinem Vater im Himmel.“ (SLT)

Wir sagten immer wieder und stimmten darin überein, dass ich geheilt war. Innerhalb von drei Tagen bemerkte ich, dass sich meine Heilung vollständig manifestierte.

Mittlerweile bin ich Flugzeugpilot geworden und werde jedes Jahr ärztlich untersucht, auch meine Ohren. Jedes Mal, wenn sie meine Ohren untersuchen, stellen sie ein perfektes Gehör fest! Gelobt sei Gott!

Damals hatte ich eine Offenbarung von dem, was ich heute lebe, predige und jeden Tag glaube. Es funktioniert für mich seit dem

Tag, als ich nach Gottes Wort handelte und anfing, Sein Wort über die Sache oder Situation auszusprechen. Vom damaligen Tag bis heute ließ ich meine Worte mit Gottes Wort übereinstimmen.

Die Menschen dachten damals, ich wäre verrückt, und manche denken es heute noch. Sie stempelten mich als „Spinner" ab, weil sie im Natürlichen nicht sehen konnten, was tatsächlich vor sich ging. Menschen kamen in unser Haus und machten sich über uns lustig.

## Eine Torheit für die Welt

Eine Dame kam uns besuchen, und als ich sie hereinließ, sagte sie: „Ja, ja; nein, nein."

Ich fragte: „Was haben Sie gesagt?"

Sie wiederholte: „Ja, ja; nein, nein."

„Wovon sprechen Sie?", fragte ich.

„Ich hörte, alles, was man hier sagen kann, ist: Ja, ja; nein, nein."

So schlimm war ich nicht, aber ich wollte nicht, dass irgendein Unglaube in meinem Haus ausgesprochen wurde. Jackie und ich kämpften darum, mit Gottes Wort in Übereinstimmung zu kommen, und wir wollten nicht, dass jemand Unglauben in unser Haus brachte.

Ich kann ohne den Hauch eines Zweifels sagen, dass Gottes Wort funktioniert! Sag einfach, und meine es, was Gottes Wort zu sagen hat, und Gott wird es bestätigen. Er wird nicht bestätigen, was du sagst, aber Er wird bestätigen, was Er sagt. Wenn du sagst, was Gott sagt, bist du dabei. Christen müssen nicht blitzschnell denken können, um darauf zu kommen, mit Gott übereinzustimmen.

Die meisten Christen strecken nicht die Faust zum Himmel und sagen: „Gott, Du bist ein Lügner."

Aber in so vielen Worten tun sie genau das, wenn sie Dinge sagen wie: „Ich weiß, dass Dein Wort sagt, dass ich geheilt bin; aber ich bin krank, ich bin verletzt, ich habe Schmerzen. Ja, Herr, ich weiß, dass Dein Wort sagt, dass für meine Einkünfte gesorgt ist und sich um meine Bedürfnisse gekümmert wird, aber da ist kein Geld auf meinem Konto. Die Rechnungen stapeln sich."

Mit so vielen Worten sagen sie Gott, dass sie wissen, was Sein Wort sagt, halten aber das Wort aufgrund ihrer Situation nicht für wahr.

Das Klügste, was ich je gemacht habe, und das Klügste, was du je tun kannst, ist, mit Gott übereinzustimmen. Gott war schon vor uns da und Er weiß mehr als wir. Er hat Vorrang vor unserem ganzen Haufen!

Er hat diese Welt gemacht, Er hat die Regeln erfunden, und Er kann die Dinge so lenken, wie Er möchte. Er weiß am besten, was zu tun ist, damit die Dinge funktionieren, und auch wie sie funktionieren. Gott zu glauben, ist für uns sehr sinnvoll.

Wenn Gott es gesagt hat, ist es beschlossen, ob wir es glauben oder nicht.

Für viele Leute sind ihre Erfahrungen ausschlaggebend für ihr Verständnis des Wortes Gottes. Wir müssen aber das Wort Gottes ausschlaggebend für unsere Erfahrungen machen.

## KAPITEL 3

# Sich mit dem Wort füllen

Als ich achtzehn war, ging ich das erste Mal auf einen Missionseinsatz. Ich hatte Spanisch in Mexiko gelernt, als ich fünfzehn war, da Gott mir zwei Jahre zuvor gesagt hatte, dass ich in die Mission gehen würde.

Wie auch immer, ich ging auf meine erste Missionsreise, als ich achtzehn war. Ich ging, um mit den Choco-Indianern im Dschungel Panamas zu leben.

Auf dieser ersten Reise sah ich „leere" Missionare überall, wo ich hinkam. Das machte mir zu schaffen und ich sagte zu Gott: „Herr, es gibt zwei Dinge, die mir Sorgen bereiten – das eine sind „leere" Missionare, und das andere sind Menschen, die gerettet werden und dann ohne verfügbare Nachsorge zurückgelassen werden."

Gott antwortete mir und sagte: „Nun, mein Sohn, wenn du vollzeitlich rausgehst, wird es aus dir herausfließen und du gibst und gibst und gibst. Dann musst du in die Staaten zurückkehren, zu Veranstaltungen gehen und dich wieder füllen lassen."

Als wir vollzeitlich im Missionseinsatz waren, stellten wir sicher, dass Nachsorgearbeit für unsere Neubekehrten verfügbar war, egal wo wir waren. Außerdem stellten wir sicher, dass wir, wenn wir zurück in den Staaten waren, an Veranstaltungen teilnahmen, um wieder gefüllt zu werden.

Wie auch immer, die meisten Missionare führen ihren Dienst auf andere Weise. Sie dienen in dem Land, in das sie gerufen wurden, dann kommen sie zurück in die Staaten und arbeiten genauso hart, wie sie es im Einsatz taten.

Sie reisen von Ort zu Ort und sammeln Geld für das, was sie im Einsatz tun. Sie verausgaben sich permanent, aber füllen sich nie auf.

Wenn sie zurück zum Missionseinsatz gehen, enden sie mit Hepatitis oder einer anderen Krankheit im Krankenhaus und müssen häufig nach Hause zurückkehren, ausgebrannt für Gott.

Aber Gott trug mir auf, zum Missionseinsatz zu gehen und zu dienen, und dann zurückzukehren und mich füllen zu lassen.

Er sagte: „Zieh nicht umher, um Geld zu sammeln. Ich werde die Finanzen bereitstellen. Füll dich nur auf."

Jedes Mal, wenn ich in die Staaten zurückkehre, gehe ich zu einem Kenneth-Hagin-Meeting oder einem Kenneth-Copeland-Meeting – oder zu anderen Gemeinden oder Orten, von denen ich weiß, dass ich dort genährt werden kann – und ich sauge das Wort einfach auf.

Viele Male sind Jackie und ich zehn Stunden gefahren, um an einem John-Osteen-Meeting in Houston teilzunehmen. Wir waren hungrig nach dem Wort und es war es immer wert.

## Missionare brauchen Gebet

Wenn du zu allen kleinen Gebetstreffen in deiner Stadt gehst, wirst du feststellen, dass einige davon nicht mehr als

„Segne-mich-Clubs“ sind. Geh in die Gottesdienste aller Kirchen der Stadt und achte auf die Gebetsanliegen. Die meisten sind ichbezogen.

Selten hört man jemanden sagen: „Lasst uns für die Welt beten. Lasst uns für die Missionare beten. Lasst uns beten für die Missionare in China und die Christen in Russland.“

Es ist immer: „Herr, segne mich. Segne meinen Onkel, meine Schwester, meinen eingewachsenen Zehnagel. Bitte für mich. Bitte für meine Finanzen und meine Kopfschmerzen.“

Jesus kann nicht für die Gemeinde zurückkommen, solange wir der Welt nicht von Ihm erzählen. Wir müssen uns um die Welt kümmern. Jesus hat sich bereits genug um sie gekümmert, indem Er für sie starb. Die meisten Missionare haben bei Vortragsveranstaltungen ständig einen Diaprojektor unter dem Arm und eine aufgehaltene Hand. Das ist das Klischee, wie sich die Welt Missionare vorstellt.

Ich möchte nicht wie ein „typischer“ Missionar aussehen.

Viele Menschen sagen zu meiner Frau oder mir: „Ihr seht gar nicht aus wie Missionare.“

Dann sagen wir einfach: „Danke.“

Ich muss allerdings zugeben, dass es ein paar Situationen gab, in denen ich mich wie ein „typischer“ Missionar gefühlt habe:

Als ich im Dschungel von Guatemala Affenfleisch und Augäpfel von Fischen gegessen habe, oder als es 45 Grad im Schatten ohne Klimaanlage hatte. Manchmal fühle ich mich wie ein Missionar, aber ich möchte nie dieses Verhalten zeigen.

## Wessen Fehler ist es?

Die Kirche hat den Missionar zu dem gemacht, was er heute ist. Christen in den Staaten haben das Muster und die Form geprägt. Sie haben ihn sein altes Auto fahren lassen, seine löchrigen Schuhe und seine schlabbrige Hose tragen lassen, am Rand einer Menge stehend, mit aufgehaltener Hand. Der Missionar passt in dieses Muster, und das ist der Fehler der Kirche. Aber ich habe mir vorgenommen, etwas dagegen zu unternehmen.

Ich möchte die Haltung der Welt gegenüber Missionaren verändern. Jesus war ein Missionar: Er kam und lehrte die Welt über sich selbst. Ob du es weißt oder nicht, ob es dir gefällt oder nicht, als Christ bist du ein Missionar.

Jesus sagte: Geht hin in die ganze Welt (Markus 16,15). Nun, die „Welt" kann dein direkter Nachbar sein, oder ein Arbeitskollege, genauso wie Menschen am äußersten Rand der Erde. Du sollst in die Welt gehen. Gott hat jedes Seiner Kinder als Missionar berufen. Du bist entweder ein „Geher" oder ein „Sender", aber du bist ein Missionar. An dieser göttlichen Berufung führt kein Weg vorbei.

Früher bat ich Gott: „Vater, lass mich ein ‚Sender' sein. Ich werde Geld verdienen und es den Missionaren in der ganzen Welt schicken."

Aber Gott sagte: „Nein, Terry, du bist ein ‚Geher'."

Natürlich sind Jackie und ich beides – „Sender" und „Geher". Wir haben Geld in viele Länder der Erde investiert – und wir tun dies weiterhin mit Begeisterung.

## Berggipfel oder Tal?

Ich wurde in einem christlichen Zuhause aufgezogen. In meiner Heimatgemeinde waren die Menschen vom Heiligen Geist erfüllt und kannten die Wirklichkeit der Kraft des Heiligen Geistes. Es fanden sogar Heilungen und Wunder statt. Das begeisterte mich, aber dann begann ich mir anzusehen, wie die Menschen lebten.

Wenn der Pastor am Sonntag eine gute Predigt gehalten hatte, waren sie alle wie auf dem Berggipfel. Da war Herrlichkeit, Jubel, Händeklatschen und Fußstampfen! Jeder war begeistert von Gott!

Doch dann kam der Montagmorgen. Die Rechnungen waren fällig. Sie mussten zur Arbeit gehen. Sie wurden mit Problemen konfrontiert und es ging bergab in Richtung Tal. Es war entweder der Berggipfel oder das Tal. Das war alles, was ich hörte, und ich war genau wie sie. Ungefähr die Hälfte meiner Gebete wurde erhört, was auch für alle anderen zu erwarten war.

Dann begann ich, das Wort Gottes zu erfassen. Ich glaubte schon immer, dass es wahr ist, wenn Gottes Wort es sagt. So fingen Jackie und ich an, uns für Gottes Wort zu begeistern. Seitdem haben wir es für uns selbst in die Tat umgesetzt.

Als ich in der Armee war, begann ich zum ersten Mal bewusst zu realisieren, dass Christen in ihrem Leben keinen Sieg errangen, sondern nur ein gewisses Maß an Erfolg hatten. Dann sah ich im Wort Gottes, was der Herr nach Moses Tod zu Josua sagte, nachdem er Anführer der Israeliten geworden war:

> **Dieses Buch des Gesetzes soll nicht von deinem Mund weichen, und du sollst Tag und Nacht darüber nachsinnen, damit du darauf achtest, nach alledem zu handeln,**

**was darin geschrieben ist; denn dann wirst du auf deinen Wegen zum Ziel gelangen, und dann wirst du Erfolg haben.**

**— Josua 1,8 (ELB)**

Jeder Mensch möchte wachsen und Erfolg haben. Als ich sah, was für Josua funktioniert hatte, entschied ich, es selbst auszuprobieren. Ich fing an, einige andere Personen in der Bibel zu studieren, und sah, dass das Nachsinnen über das Wort bei ihnen funktionierte. Ich fand heraus, dass, wenn du Tag und Nacht, Nacht und Tag über das Wort nachsinnst, bis es ein Teil von dir wird, sich das Wort in dir bewegt und schließlich aus deinem Mund hervorquellen wird – und du Erfolg haben wirst.

Jesus sagte, dass das, womit du dein Herz füllst – wovon dein Herz überquillt – dein Mund reden wird (Lukas 6,45). Es ist nicht nur etwas Gutes, wovon Jesus hier redete, sondern mehr: Es ist ein geistliches Gesetz. Es funktioniert! Wenn du es nicht glaubst, hör einfach zu, was aus deinem Mund kommt, wenn du dir mit einem Hammer auf deinen Daumen haust. Es wird das sein, wovon dein Herz voll ist!

Jackie und ich entschieden uns, in das Wort Gottes einzutauchen, darüber Tag und Nacht, Nacht und Tag nachzusinnen. Ein Freund gab uns ein großes blaues Buch von Kenneth E. Hagin mit dem Titel „The Bible Faith Study Course“ („Biblischer Glaube – Ein Studienkurs“). Das war die beste Investition, die mein Freund in seinem Leben gemacht hat. Ich blieb auf bis morgens früh um vier und las meiner Frau aus dem Buch vor.

Jackie kann bezeugen, dass uns das nach Mexiko brachte.

Das Wort kam in unser Inneres, füllte uns. Wir lasen dieses Buch Tag und Nacht, Nacht und Tag. Wir hörten uns Kassetten an und lasen im Wort Gottes. Und ich sage dir: Das Wort Gottes funktioniert! Es ist das Großartigste, was mir je widerfuhr!

Das Wort Gottes funktioniert in Afrika. Es funktioniert in Indien. Es funktioniert in Mexiko. Es funktioniert in Zentralamerika. Es funktioniert in den Staaten. Menschen sagten mir, es würde im Missionseinsatz nicht funktionieren. Gelobt sei Gott, es funktioniert rund um die Welt! Wenn es in Afrika nicht funktioniert, dann funktioniert es nirgendwo.

Ich bin begeistert von Gottes Wort. Würde es nicht meine Bedürfnisse stillen, meine Rechnungen bezahlen und Essen für meine Kinder auf den Tisch bringen, wäre ich nicht halb so begeistert, wie ich es bin. Ich bin auf Gottes Wort ausgerichtet, weil es funktioniert!

Menschen hören von verschiedenen Dingen, die wir gemacht haben. Sie sehen uns in verschiedenen christlichen Fernsehprogrammen. Sie hören andere Geistliche über uns sprechen und denken, dass wir wirklich besonders sind, „geistliche Superstars".

Ich möchte, dass du weißt, dass Gottes Wort für jeden funktioniert, der es anwendet. Zeugnisse bringen nicht das Wort hervor, das Wort bringt Zeugnisse hervor. Zeugnisse beflügeln den Glauben, das Wort bewirkt den Glauben.

Ich werde oft zu Veranstaltungen der Full Gospel Businessmen´s Fellowship International eingeladen, um mein Zeugnis mit dem Anhalter vorzutragen. Ich bin Mitglied bei FGBMFI (Internationale Gemeinschaft der Geschäftsleute des vollen Evangeliums), seit ich sechzehn Jahre alt war, und ich habe mitgeholfen, Chapter und Versammlungen in fremden Ländern zu gründen. Ich danke Gott für diese Organisation, die sich dafür einsetzt, die ganze Welt mit dem Evangelium zu erreichen. Aber ich gebe das Wort immer mit meinem Zeugnis weiter, wie in diesem Buch, denn dann wird mein Zeugnis Glauben erzeugen und hervorbringen.

Das Besondere, worauf ich geachtet habe, bestand darin, das Wort an erste Stelle zu setzen. Ohne das Wort würde das Zeugnis nie funktionieren. Ich wäre jetzt tot und würde im Himmelschor singen, wenn Gottes Wort nicht funktioniert hätte.

Du kannst mir glauben, dass ich viele Gelegenheiten hatte, in den Himmel zu kommen, aber ich habe mich entschieden zu bleiben – und ich schlage vor, dass du das auch tust, während du das hier liest. Lasst uns die Arbeit erledigen, die Jesus uns aufgetragen hat.

KAPITEL 4

# Gott bestätigt Sein Wort

Als ich zum ersten Mal als Missionar nach Mexiko zog, hatte ich eine Frau und ein zweijähriges Kleinkind. Wir bekamen keinerlei monatliche Unterstützung, und es interessierte niemanden, dass wir in den Missionseinsatz gingen. Es wussten überhaupt nur wenige Menschen, dass wir weggingen. Der einzige Missionsvorstand, den wir damals hatten, ist derselbe, den wir heute haben: Der Vater, der Sohn und der Heilige Geist. Das ist ein guter Missionsvorstand!

Entgegen dem, was du vielleicht gehört hast, sind die Lebenshaltungskosten in Mexiko höher als in den Vereinigten Staaten. Als wir aufbrachen, gab es nur eine Gemeinde, die uns unterstützen sollte. Sie hatten zugesagt, uns monatlich $ 100 zu schicken, aber sie taten es nicht.

Wir kannten niemanden und wussten nicht, was wir tun sollten. Der einzige Kontakt, den wir hatten, war eine Dame, die gesagt hatte, wir könnten mit ihr in das Land gehen. Ich war schon zuvor mit ihr in Mexiko gewesen, aber als wir abfahrbereit waren, starb sie.

Wir erlebten Versuchungen, Anfechtungen und Widrigkeiten. Wir hatten viele Gelegenheiten, nicht nach Mexiko umzuziehen. Aber wir hatten die verbindliche Entscheidung getroffen, dass wir gehen. Jackie und ich trafen noch eine andere verbindliche Entscheidung: einen Einsatz pro Monat zu machen.

Wir sagten: „In Jesu Namen, wir machen einen Einsatz pro Monat in Lateinamerika oder irgendwo sonst auf der Welt."

Seit Jahren haben wir einen Einsatz pro Monat durchgeführt! Wir haben noch nicht einmal darüber nachgedacht, einen davon zu streichen. Es kommt uns gar nicht in den Sinn, so zu denken, denn wir haben unseren Glauben darauf ausgerichtet, es zu tun, und genauso haben wir es gemacht.

Wir sind begeistert von dem, was Gott tut. Wenn Sein Wort nicht funktionieren würde, würde ich nicht in den Missionseinsatz gehen; aber das Wort funktioniert – und das begeistert mich! Gott sagte, dass Sein Wort dich erfolgreich machen würde und dir Wachstum schenkt.

In Sprüche 4,20 (SLT) heißt es: Mein Sohn, achte auf meine Worte, neige dein Ohr mir zu.

Das bedeutet nicht, gelegentlich mal einen Blick auf Sein Wort zu werfen. Kein guter christlicher Haushalt ist vollständig ausgestattet ohne eine dicke Bibel auf dem Couchtisch. Wenn du jedoch nichts mit dem Wort machst – es sei denn, du nimmst es in dich auf – kann es dir nichts Gutes tun.

Es ist so, als wäre ich auf eine Reise gegangen und mein Nachbar hätte eingewilligt, sich während meiner Abwesenheit um meinen Garten zu kümmern. Aber wenn ich zurückkäme, fände ich ihn verwahrlost und den Rasen kniehoch vor. Um nichts wurde sich gekümmert.

Dann würde mein Nachbar vorbeikommen und sagen: „Terry, ich bin jeden Tag gekommen und habe nach deinem Garten gesehen."

Doch er hat sich nicht um meinen Rasen gekümmert, er hat nur danach gesehen. Gott sagte: „Achte auf Mein Wort. Achte darauf." Wir schauen auf die Bibel und reden darüber, wie heilig sie ist. Wir stellen sie in einer Vitrine aus und lassen sie religiös verstauben. Wir können tausend Bibeln zu Hause haben, aber solange wir das Wort nicht in uns aufnehmen, wird es uns nichts nützen. Wir müssen auf das Wort achten.

## Auf das Wort achten

Warum hat Gott uns geboten, unser Ohr Seinem Reden zuzuneigen? Weil der Glaube aus der Verkündigung kommt, die Verkündigung aber durch Gottes Wort (Römer 10,17 SLT).

Wovon sollen wir nicht ablassen? Von diesen Worten, diesem Reden. Lass die Reden Gottes nicht von deinen Augen weichen. Behalte sie im Innersten deines Herzens, denn sie sind das Leben.

Das Wort sollte wie Medizin eingenommen werden. Wenn du drei Mal täglich Schmerzen hast, nimm das Wort dreimal am Tag ein. Wenn du es zehn Mal am Tag zu dir nehmen musst, nimm es zehn Mal täglich. Nimm das Wort, so oft wie nötig, so wie Medizin. Nimm das Wort in dein Inneres auf und lass es für dich arbeiten.

Als Jesus von Satan versucht wurde, gab Er eine Erklärung ab: Es steht geschrieben, der Mensch lebt nicht vom Brot allein, sondern von einem jeglichen Wort Gottes. (Lukas 4,4 SLT).

Jesus sagte das Gleiche, was in Sprüche 4,22 (SLT) steht: Die Worte Gottes sind Leben denen, die sie finden.

Gott sagte in Jeremia 1,12 (SLT): „... ich werde über meinem Wort wachen, um es auszuführen." Er wird über Seinem Wort wachen, um dafür zu sorgen, dass es wahr wird.

David sagt in Psalm 138,2 (SLT): „... du hast dein Wort groß gemacht über all deinen Ruhm hinaus." Wenn Gott Sein Wort verleugnen würde, würde er Seinen Ruhm verleugnen. Gott hält sehr viel von Seinem Wort. Das Wort Gottes ist ein festes Fundament für dein Leben. Sein Wort ist eine stabile Grundlage für alles.

Ich kenne einen mexikanischen Pastor, einen gewaltigen Mann des Glaubens, von dem du vielleicht nie hören wirst, bevor du in den Himmel kommst.

Er sagt: „Glauben ist wie auf einem hohen Sprungbrett zu stehen, zu federn und abzuspringen, in dem Wissen, dass kein Wasser im Pool ist – aber zu glauben, dass Gott den Pool mit Wasser füllen wird, bevor du dort ankommst."

Der Glaube hat für mich nie funktioniert, bis ich ihn in die Tat umgesetzt habe.

Dieser Pastor sagt außerdem: „Glauben ist wie ein zweistöckiges Haus anzustreichen. Während du streichst, fällt die Leiter unter dir runter. Da hängst du nun an einem Pinsel, aber du streichst einfach weiter!"

Er ist ein Mann des Glaubens!

Gott sagt in Jeremia 32,27 (SLT): Siehe, ich, der Herr, bin der Gott alles Fleisches; sollte mir irgendetwas unmöglich sein?

Ich erinnere Ihn ständig daran: „Nein, Herr, Dir ist nichts unmöglich."

## Gott alle Schuld zuschieben

In Apostelgeschichte 10,38 (SLT) heißt es:

**Wie Gott Jesus von Nazareth mit Heiligem Geist und Kraft gesalbt hat, und wie dieser umherzog und Gutes tat und alle heilte, die vom Teufel überwältigt waren; denn Gott war mit ihm.**

Diese Schriftstelle zeigt mir verschiedene Dinge: Gott ist gut, Jesus ist gut, der Heilige Geist ist gut und der Teufel ist böse. Manche Menschen verhalten sich, als ob der Teufel die guten Dinge tun würde und Gott die schlechten. Das ist nicht korrekt.

Ich bin Pilot. Einmal war ich in einem Flugzeughangar in Süd-Texas und sah ein großes Schild am Ende des Hangars: „Wir sind nicht verantwortlich für Feuer, Diebstahl, oder andere Handlungen Gottes."

Ich ging zu dem Mann, der dort arbeitete, und sagte: „Kumpel, ich weiß nicht, wer dein Gott ist, aber meiner handelt nicht so. Mein Gott zündet keine Flugzeuge an, und mein Gott stiehlt keine Flugzeuge. Was ist mit ‚anderen Handlungen Gottes' gemeint?"

Er antwortete: „Nun, alles, was wir nicht erklären können."

Alles, was wir nicht erklären können, alles Tragische lasten wir Gott an. Sogar Versicherungsunternehmen schreiben alles, was sie nicht erklären können oder nicht bezahlen wollen, „Höherer Gewalt" [amerikanisch „Handlung Gottes"] zu. Warum erzählen sie nicht die Wahrheit und sagen, dass es der Teufel war? Er ist derjenige, der das alles tut.

Erinnern wir uns an die Frau in Lukas 13, die über achtzehn Jahre gekrümmt war und sich nicht aufrichten konnte.

Jesus sagte nicht: „Oh, Halleluja, seht, was Gott getan hat!"

Nein. Er sagte: „Diese aber, eine Tochter Abrahams, die der Satan, siehe, schon 18 Jahre gebunden hielt, sollte sie nicht von dieser Bindung gelöst werden am Sabbattag?" (Lukas 13,16 SLT)

Dann heilte Er sie.

Das Wort Gottes sagt, dass sie sofort Gott verherrlichte. (Lukas 13,13) Sie verherrlichte Gott für die Heilung. Gott ist ein guter Gott!

Die meisten Menschen haben derart unreife Vorstellungen von Gott. Manche Menschen stellen sich Gott als einen alten Mann auf Seinem Thron sitzend vor. Er hat einen langen Bart und eine Warze auf der Nase. Er hat einen großen Stock in Seiner Hand und wann immer du dich bewegst, macht Er zack!

Nein! Mein Gott ist ein guter Gott. Er ist mein Vater. Gott ist Liebe und Er liebt uns. Wir lesen in 2. Chronik 16,9:

> **Denn die Augen des Herrn durchstreifen die ganze Erde, um sich mächtig zu erweisen an denen, deren Herz ungeteilt auf ihn gerichtet ist.**

Ich sage: „Das bin ich, Gott. Du musst nicht weitersuchen. Deine Augen durchstreifen die Erde auf der Suche nach jemandem, an dem Du Dich mächtig erweisen kannst. Hier bin ich!"

Als ich einmal in Mexiko betete, zeigte mir Gott eine Schriftstelle in Matthäus 11, in der Johannes der Täufer zwei seiner Jünger zu Jesus schickt.

## Der Dienst Jesu

Er sagte: „Geht hin und fragt Jesus, ob Er derjenige ist, der kommen soll, oder ob wir auf einen anderen warten sollen."

Jesus antwortete: „Geht hin und berichtet dem Johannes, was ihr hört und seht. Blinde werden sehend und Lahme gehen. Aussätzige werden rein und Taube hören. Tote werden auferweckt und Armen wird das Evangelium verkündigt." (Matthäus 11,4–5 SLT)

Als ich das las, begann ich zu weinen und rief: „Gott, das ist es, was ich will – den Dienst Jesu."

Danach sollte sich jeder Gläubige ausstrecken.

Seit dieser Zeit ist jedes einzelne dieser Wunder in unserem Dienst geschehen. Wir hatten Tote, die auferstanden sind. Wir sehen ständig Blinde, die sehend werden. Die Tauben hören in jedem Einsatz. Wir sehen Dämonen ausfahren, sogar Aussätzige werden geheilt.

Jesus zählte diese Dinge in Markus 16 nach ihrer Einfachheit auf. Das Erste, das Er erwähnte, war, dass Gläubige Dämonen austreiben werden. Er zählte das Einfachste zuerst auf.

Wir stellen uns den Teufel so groß, böse und mächtig vor, aber das ist er nicht. Jesus sagte, Gläubige werden in Seinem Namen Dämonen austreiben. Dämonen austreiben ist keine große Sache. Wir haben Teufelsaustreibungen aus jeder dämonisch besessenen Person in jedem Gottesdienst.

Es gibt viel Lehre über Befreiung in den Vereinigten Staaten. Gott sei gedankt für den Dienst der Befreiung. Es ist ein wertvoller Dienst, aber er wird viel missbraucht und schlecht gemacht. Normalerweise haben wir keine dämonisch besessenen Menschen in unseren Gottesdiensten in den Staaten. Die meisten sind entweder in Einrichtungen oder können leicht erkannt werden – der Typ auf dem Hausdach, der mit dem Scharfschützengewehr auf alle schießt.

In vielen Gemeinden der Dritten Welt könntest du einen Mann sehen, der fünfzehn oder zwanzig Jahre lang an einen Baum gekettet war, weil er von Dämonen besessen ist. In fast jedem Einsatz haben wir es mit mindestens einem Fall, manchmal mit vielen Fällen von dämonischer Besessenheit zu tun.

Ich erinnere mich besonders an einen neun Jahre alten Jungen. In der Erziehungsanstalt ketteten sie ihn an Händen und Beinen mit gespreizten Gliedern fest – und er machte sich los. Ich betete für ihn und Gott befreite ihn!

Sage, was Gott sagte, und predige, was Jesus sagte. Gott wird nicht bestätigen, was ich denke, dass Er sagte, oder was irgendein Prediger dachte, dass Er sagte. Gott wird Sein Wort bestätigen – was Er gesagt hat.

Einmal sagte Gott zu mir: „Lies mir den letzten Vers aus Markus 16 vor."

Ich antwortete: „Ich kann die Verse 15–20 auswendig seit meiner frühen Kindheit. Dort heißt es: Zieht aus in alle Welt… In Vers 19 heißt es, dass Jesus in den Himmel auffuhr und an der rechten Seite des Vaters sitzt."

Er sagte: „Lies es."

Ich las Verse 19 und 20 (SLT):

> **Der Herr nun wurde, nachdem er mit ihnen geredet hatte, aufgenommen in den Himmel und setzte sich zur Rechten Gottes.**

> **Sie aber gingen hinaus und verkündigten überall; und der Herr wirkte mit ihnen und bekräftigte das Wort durch die begleitenden Zeichen.**

Es war so eine Erleichterung für mich zu erkennen, dass alles, was ich zu tun hatte, war: Gehe überall hin und predige. Ich habe nicht für Gott gearbeitet und Gott hat nicht für mich gearbeitet. Gott hat mit mir gearbeitet und Sein Wort mit den begleitenden Zeichen bestätigt. Ich musste die Zeichen nicht machen. Meine Aufgabe war es, überall hinzugehen und zu verkündigen.

Gott bestätigt Sein Wort gerne und bereitwillig mit begleitenden Zeichen. Das ist es, was wir tun und was wir in der Vergangenheit getan haben: Gottes Wort verkündigen und Gott vertrauen, dass Er es bestätigt. Jeder Einsatz ist genau wie der vorhergehende. Gott bestätigt Sein Wort mit begleitenden Zeichen.

## Ist es Gott oder der Teufel?

Johannes 10,10 ist einer meiner Lieblingsverse. Er zeigt, wie man unterscheiden kann, was von Gott und was vom Teufel ist. Du brauchst keinen Blitz, Donner oder Gänsehaut, um zu wissen, was von Gott ist.

Jesus sagte:

> **Der Dieb kommt nur, um zu stehlen, zu töten und zu verderben; ich bin gekommen, damit sie das Leben haben und es im Überfluss haben.**
>
> **— Johannes 10,10 (SLT)**

Genau so einfach ist es. Alles, was mit Stehlen, Töten oder Verderben zu tun hat, ist vom Teufel. Es ist nicht von Gott und hat nichts mit Ihm zu tun. Alles, was mit Leben und Überfluss zu tun hat, ist von Jesus.

Ich kann Ihn überall erkennen! Ich muss mich nicht irgendwohin zurückziehen und beten, um zu wissen, ob Krebs von Gott kommt, oder nicht. Es ist Stehlen. Wenn etwas dein Zuhause und deine Ehe zerstört, deine Finanzen raubt, deine Gesundheit stiehlt und den Tod bringt, ist es Satan. Jage ihn fort!

Du brauchst keine göttliche Offenbarung, um zu erkennen, was von Gott ist und was vom Teufel. Jesus sagte ganz eindeutig: „Wenn es Töten, Stehlen oder Verderben ist, ist es vom Teufel. Wenn es Leben und Überfluss bringt, bin Ich es. Das ist Meine Visitenkarte."

Einmal hatten wir einen Einsatz unter freiem Himmel in Honduras, zu dem fünfundzwanzigtausend Menschen kamen. Ich hatte gerade eines der Morgen–Meetings beendet und wickelte das Mikrofon auf, um für den Rest des Tages ins Haus zu gehen. Es sind dort über 40 Grad im Februar.

Eine Dame kam weinend auf die Bühne. Sie erwartete ein Baby und war schon einige Monate weit.

Sie sagte: „Bruder, ich habe mein Baby seit einigen Tagen nicht mehr gespürt. Ich blute viel und habe starke Schmerzen. Ich war bei einem Arzt, der sagt mir, das Baby ist tot. Er will, dass ich in die Klinik gehe, damit er es von mir nehmen kann."

Ich wandte mich ihr zu und sagte: „Schwester, ein totes Baby in deinem Inneren ist nicht Leben im Überfluss. Es ist Töten, Stehlen und Verderben. Es ist nicht Gott. Als Mann Gottes befehle ich im Namen Gottes, dass dein Baby leben wird und nicht sterben. Jetzt geh zurück zum Arzt."

Die Frau ging. Ich suchte jeden Tag nach ihr, sah sie aber nicht. Am vierten Tag des Einsatzes stand sie in der Gebetsschlange. Ihr Gesicht strahlte! Sie legte ihr Zeugnis vor tausenden Menschen ab:

„Als der Bruder für mich betete (tatsächlich habe ich nicht für sie gebetet, ich habe mich ihr nur zugewandt und eine Glaubensaussage gemacht), hörten die Schmerzen und die Blutungen auf. Als ich wieder in der Arztpraxis war, konnte ich die Bewegung meines Babys spüren. Der Arzt untersuchte mich und sagte, dass alles perfekt sei."

Das ist Jesus! Ich würde Ihn überall erkennen. Das ist Leben im Überfluss! Ich musste nicht überlegen, was von Gott ist und was vom Teufel. Alles, was ich zu tun habe, ist, das Wort Gottes anzuwenden. Er wird es mit begleitenden Zeichen bestätigen!

## KAPITEL 5

# Erlöst vom Fluch des Gesetzes (frei von Verdammnis)

Wir wurden vom Fluch des Gesetzes losgekauft. (Galater 3,13; 5. Mose 28)

Das Gegenteil des Fluches ist für uns wahr. Jesus hat den Fluch umgekehrt! Du kannst dir ein medizinisches Lexikon nehmen, in dem jede Krankheit aufgelistet ist, und quer über die Seiten schreiben:

„Ich wurde davon losgekauft. Keine dieser Krankheiten wird mich oder meine Familie befallen, weil ich vom Fluch des Gesetzes freigekauft wurde."

Als wir in Mexiko lebten, bekam ich einen Anruf von zu Hause. Als ich mich mit „Hallo" meldete, rief die hysterische Stimme meiner Tante: „Terry, du musst sofort nach Hause kommen! Deine Großmutter stirbt!"

Ich dachte nicht darüber nach, was ich sagen sollte. Es kam einfach aus meinem Mund heraus: „Das ist eine Lüge direkt aus der Grube der Hölle."

Ein Mann stand neben mir beim Telefon und alles, was er hörte, war: „Hallo. Das ist eine Lüge direkt aus der Grube der Hölle."

Sicherlich wunderte er sich, mit wem in aller Welt ich da sprach!

Ich fragte meine Tante: „Sagtest du, sie ist tot oder sie stirbt?"

Sie antwortete: „Sie stirbt. Sie ist im Krankenhaus und hat nur eine zwanzigprozentige Überlebenschance. Sie hat Diabetes."

Das wusste ich bereits. Ich hatte versucht, sie zum Glauben zu bewegen, damit sie Gott für ihre Heilung vertrauen konnte, aber sie hatte ihn noch nicht. Sie konnte nicht schreiben und sie konnte unsere Briefe aus Mexiko nicht lesen, da sie erblindete.

Meine Tante fuhr fort: „Es geht ihr schlechter. Ihr Herz ist schwach und lässt nach. Ihre Nieren funktionieren überhaupt nicht mehr. Sie wird beatmet und ist stark angeschwollen. Sie hat eine zwanzigprozentige Chance, die Nacht zu überstehen, höchstens ein paar Tage. Du musst nach Hause kommen."

Ich sagte: „Ich kann jetzt auf keinen Fall nach Hause kommen."

Sie antwortete: „Aber du musst kommen."

„Ich werde nicht nach Hause kommen", entgegnete ich.

Es war mitten im April und ich konnte vor Mai nicht nach Hause kommen. Jackie und ich wollten für unseren Jahrestag am 10. Mai nach Hause kommen.

Ich sagte: „Wir kommen am 10. Mai nach Hause, und ich sage dir: sie wird leben. Sie wird nicht sterben, bevor ich nach Hause komme."

Aber das konnte ich meiner Tante nicht vermitteln.

Sie rief: „Sie wird sterben."

Ich sagte: „Nein, wird sie nicht."

Ich ging zu mehreren Gebetsgruppen in Guadalajara und bat sie, für meine Großmutter mit mir im Glauben übereinzustimmen. Was sie alle zuerst wissen wollten, war ihr Alter.

Ich sagte: „Ihr Alter macht keinen Unterschied. Ich sage, sie wird nicht sterben. Entweder stimmt ihr mit mir überein oder nicht."

So setzte ich meinen Glauben ein und glaubte Gott. Ich nahm den Geist des Todes gefangen und befahl ihm, ihr Zimmer zu verlassen. Ich sprach Leben in sie hinein und glaubte Gott für ihre Heilung. Nach drei oder vier Tagen rief ich zu Hause an, um mich nach der Lage zu erkundigen.

Meine Tante sagte: „Ihre Nieren funktionieren ein bisschen, aber sie wird immer noch sterben."

Ich sagte ihr: „Du scheinst nicht zu hören, was ich dir sage. Sie wird leben und nicht sterben. Sie wird nicht sterben, bevor ich nach Hause komme und ich komme am 10. Mai."

Dann sagte sie: „Nun, ich möchte, dass Tommy Williams bei der Beerdigung predigt!"

Ich sagte: „Du hörst nicht, was ich sage! Es wird keine Beerdigung geben, weil sie nicht sterben wird. Ich werde Tommy Williams anrufen, und ihm sagen, sie aus dem Krankenhaus zu holen – und nicht, auf ihrer Beerdigung zu predigen."

## Unsere Worte können Killer sein

Meine Tante war eine vom Heiligen Geist erfüllte Frau. Und doch würde sie mit den anderen Mitgliedern der Familie ins Krankenhaus gehen, Großmutters Hand nehmen und sagen: „Nun, Mutter, du hast ein langes Leben gelebt und der Herr holt dich nach Hause."

Worte wie diese sind Killer. Wir müssen aufpassen, was wir sagen. Du kannst errettet und seit fünfzig Jahren mit dem Geist erfüllt sein, aber immer noch nicht wissen, was Gottes Wort sagt.

Ich sagte: „Schau, wenn du nicht an Gottes Wort glauben kannst – und nichts anderes tun kannst, als dieses negative Gerede im Krankenhaus zu verbreiten, dann bleib zu Hause und sieh fern! Geh nicht dorthin, damit tötest du meine Großmutter. Wenn du nichts anderes sagen kannst, dann sag einfach: ‚Terry hat den Geist des Todes gefangengenommen, und Terry sagt, du wirst nicht sterben, im Namen Jesu!'"

Ich legte auf und sprach nicht mehr mit meiner Tante. Ich habe das aus tausend Meilen Entfernung geregelt. Ich rief Tommy Williams an und brachte ihn dazu, ins Krankenhaus zu gehen und für meine Großmutter zu beten. Aber als unsere Zeit kam, Mexiko zu verlassen, konnte ich immer noch nicht weg. Also fuhren Jackie und unser Sohn allein. Ich trug ihr auf, ins Krankenhaus zu gehen und sich um die Situation zu kümmern.

An unserem Jahrestag rief ich Jackie an und fragte sie, wie es im Krankenhaus lief.

Sie sagte: „Jedes Mal, wenn ich bei ihr bin und im Wort Gottes diene, geht es deiner Großmutter gut. Dann geht jemand hinein und erzählt ihr, dass der Herr sie heimholt, und es geht ihr schlechter."

„Nun, dann lass sie nicht mehr rein. Scheuch sie weg, hau ihnen ins Gesicht, tu alles, was nötig ist, aber lass sie nicht mehr da rein."

Jackie sagte: „Terry, ich kann deine Verwandten nicht so behandeln. Du kommst besser nach Hause."

Ich brach am nächsten Tag auf. Jackie holte mich vom Flughafen ab und wir fuhren direkt ins Krankenhaus. Auf dem ganzen Weg dorthin sagte ich immer wieder: „Der, der in mir ist, ist größer, als der, der in der Welt ist. Sie wird leben und nicht sterben."

Was ich tat, klingt vielleicht hart, aber ich musste die Aufmerksamkeit meiner Großmutter erregen. Ich hätte sie bemitleiden können und in Watte packen, aber ich wollte nicht, dass sie stirbt. Der Unterschied zwischen Mitgefühl und Mitleid ist, dass Mitgefühl etwas unternimmt. Jesus war bewegt von Mitgefühl.

Ich ging ins Krankenhaus und direkt in ihr Zimmer. Statt sie zu begrüßen, kam ich gleich auf den Punkt: „Möchtest du sterben und in den Himmel zu Jesus und Großvater gehen? Wenn ja, dann nur zu. Wenn nicht, dann komm in Übereinstimmung mit mir. Steh aus dem Bett auf, geh nach Hause und koch mir etwas zu essen. Denn da gehörst du hin."

Großmutter begann zu weinen und sagte: „Ich möchte nicht sterben."

„Das ist alles, was ich wissen wollte. Nun, sprich mir nach: ‚Christus hat mich losgekauft vom Fluch des Gesetzes. Diabetes ist unter dem Fluch. Nierenprobleme sind unter dem Fluch. Daher habe ich nichts davon. Ich bin geheilt in Jesu Namen.'"

Sie sprach es mir nach. Ich ließ es sie wieder und wieder sagen, den ganzen Tag und die ganze Nacht lang. Ich betete nicht für sie. Ich wollte, dass ihr Glaube in Schwung kam.

Manchmal beten wir zu schnell für die Menschen. Wer oder was heilt? Er sandte sein Wort und heilte sie (Psalm 107,20 ELB). Sein Wort heilte sie.

## Gottes Wort heilt

Ich kann beten und den größten Teufel vertreiben, aber wenn ich dann weggehe und die Person selbst den Teufel nicht abhält, wird der Teufel zurückkehren. Wenn ich das Wort Gottes in einer Person verankere und dann den Teufel vertreibe, wird er nicht zurückkehren können. Ich bete nicht für Menschen, ohne ihnen einige Anweisungen zu geben, da ich weiß, dass die meisten Menschen sonst nicht in der Lage wären, ihre Heilung zu behalten.

Ich habe dämonisch besessene Menschen gesehen, denen ich mit Befreiung hätte dienen können – aber ich wusste, dass dieser Teufel zurückkehren würde, sobald ich gegangen war. Die Bibel lehrt uns, dass er, wenn er zurückkommt und das Haus gekehrt und geschmückt vorfindet, hineinkommen und sieben andere Geister, schlimmer als er selbst, mitbringen wird. Ich möchte die Menschen nicht in einem schlechten Zustand zurücklassen, daher verankere ich zuerst das Wort Gottes in ihnen, dann treibe ich den Teufel aus. Wenn er zurückkommt und das Haus angefüllt mit dem Wort Gottes vorfindet, wird er sich einer „leichteren Beute" zuwenden.

Ich gab meiner Großmutter dieses Bekenntnis und wies sie an, es immer und immer wieder auszusprechen. Dann sagte ich ihr, dass ich glaubte, sie sei in guter Verfassung, und dass ich nach Oklahoma fahren musste, und verließ sie.

Vier Tage später stand sie auf und ging nach Hause!

Ihr Arzt sagte ihr: „Ich verstehe es nicht, aber Sie müssen kein Insulin für die Diabetes mehr nehmen."

Nachdem sie nach Hause gegangen war, betete ich: „Herr, ich möchte nicht, dass ihre Nieren geheilt werden; ich möchte, dass ihre Nieren ersetzt werden. Sie sind 73 Jahre alt und ich möchte nagelneue."

Der Herr gab ihr nagelneue Nieren, die perfekt funktionieren. Wie auch immer, etwa ein Jahr später geriet sie wieder in gesundheitliche Probleme. Großmutter ging zum Arzt, der ihr sagte, dass ihr Mann an Herzproblemen gestorben war, dass sie selbst eine Geschichte mit Herzproblemen hatte und auch an Herzproblemen sterben würde. Als meine Mutter mir das erzählte, entschloss ich mich, ein paar Tage zu warten und dann meine Großmutter anzurufen. Bis dahin würden die Schmerzen angefangen haben.

Als ich sie anrief, fragte ich: „Wie geht es dir heute?"

Normalerweise frage ich Menschen nicht, wie es ihnen geht, da ich es nicht hören will.

Sie sagte: „Es geht mir nicht allzu gut, Terry. Als ich heute Morgen den Müll rausbrachte, hatte ich eine leichte Herzattacke. Mein Herz tut mir weh. Letzten Freitag war ich beim Arzt und er sagte mir, dass ich weiterhin Probleme haben würde."

„Nur zu, warum machst du nicht weiter so und stirbst?"

Sie rief: „Was?"

Ich wiederholte: „Warum machst du nicht weiter so und stirbst? Daran arbeitest du doch."

„Terry, wovon sprichst du?"

Ich sagte: „Ich sage dir, wovon ich spreche. Es ging dir wunderbar, als du zum Arzt gingst, aber er sagte dir, dass du an Herzproblemen sterben würdest. Du hast seinem Wort geglaubt und der Glaube kommt durchs Hören. Dann hast du es allen deinen vier Töchtern erzählt und vermutlich jedem Nachbarn, dem du es nur erzählen konntest, und jetzt mir."

„Du hast zwei geistliche Gesetze in Bewegung gesetzt. Du kannst Markus 11,23 für oder gegen dich arbeiten lassen. Du kannst haben, was immer du mit deinem Mund aussprichst. Du glaubst im Herzen und sprichst es mit deinem Mund aus, dass du Herzprobleme hast, also ist es genau das, was du haben wirst."

„Auch das geistliche Gesetz aus Matthäus 18,19 arbeitet entweder für oder gegen dich. Wenn zwei von euch auf der Erde übereinstimmen, soll es so sein. Deine vier Töchter und deine Nachbarn stimmen mit dir überein. Nun versuchst du, dass ich mit dir übereinstimme, dass du sterben wirst."

„Weil diese beiden Gesetze für dich arbeiten, sollte es nicht allzu lange dauern, bis es mit dir zu Ende geht."

Als sie einsah, was sie getan hatte, sagte ich: „Lass es uns wieder ins Lot bringen. Was hast du getan, um geheilt zu werden, als du im Krankenhaus im Sterben lagst?"

Sie erwiderte: „Ich sagte: Der Herr hat mich von dem Fluch freigekauft; daher habe ich nichts von diesen Dingen!"

„So ist es. Was wirst du wegen dieser Herzsituation tun?"

„Ich werde sagen, dass Christus mich vom Fluch freigekauft hat. Herzprobleme sind unter dem Fluch, und ich werde keine Herzprobleme haben!"

Ihre Schmerzen verschwanden! Der Herr sei gelobt! Ich liebe meine Großmutter. Ich wollte sie nicht sterben sehen, aber ich sagte ihr: „Wenn du gehen und beim Herrn sein willst, ist daran nichts verkehrt – aber werde nicht krank. Ich werde dich nicht hier halten, wenn du erschöpft bist und gehen willst. Aber ich will nicht, dass du krank wirst. Wenn du mit Schmerzen gehst, ist es vom Teufel, nicht von Gott. Wenn du gehen willst, setz dich in deinen Lieblingssessel und heb ab!"

Großmutter blieb!

KAPITEL 6

# Jesus macht Hausbesuche

Als ich eines Tages in meinem Büro in Guadalajara saß, sprach Gott zu mir und trug mir auf, in die Vereinigten Staaten zurückzukehren. Er wollte, dass ich fliegen lernte. Seitdem lässt Er uns für sich reisen, anstatt nur an einem Ort zu arbeiten. Für uns ist es praktischer, in den Staaten zu leben und monatlich zu verschiedenen Orten zu fliegen, als an nur einem Ort in Mexiko zu leben.

Als wir noch in Guadalajara lebten, kam eines Tages eine Frau in mein Büro. Sie weinte hysterisch und schrie: „Mein Kind stirbt! Mein Kind stirbt!"

Ich versuchte, sie zu beruhigen und herauszufinden, was sie auf Spanisch sagte. Schließlich konnte ich sie so beruhigen, dass ich mit ihr reden konnte. Sie erzählte, dass ihre neunjährige Tochter im Militärkrankenhaus der Stadt an Leukämie sterben würde.

Sie sagte: „Wir waren mit ihr in drei anderen Krankenhäusern in Guadalajara. Die Chefs der Krankenhäuser hatten sie aufgegeben, weil es keine Hoffnung mehr gab, also brachten wir sie ins Militärkrankenhaus. Heute Morgen hat der Chef des Militärkrankenhauses sie aufgegeben, es gäbe keine Hoffnung. Sie stirbt! Sie hat Schmerzen und es gibt nichts, was man tun könnte!"

Aber ich sagte: „Schwester, das Wort Gottes sagt, dass der Dieb kommt, um zu töten, zu stehlen und zu verderben, aber Jesus ist gekommen, damit du Leben hast, und das in Fülle. Dass deine Tochter an Leukämie stirbt, ist nicht Leben in Fülle; das ist Töten, Stehlen und Verderben. Als Mann Gottes sage ich, dein Kind wird leben und nicht sterben."

„Jetzt würde ich gerne beten – nicht für deine Tochter, aber für dich, damit du dich beruhigst und durch die Stadt zum Krankenhaus fahren kannst."

Dann betete ich für sie und diente ihr.

Sie fragte: „Wirst du um drei Uhr nachmittags ins Krankenhaus kommen?"

„Ja", sagte ich, „aber deiner Tochter geht es gut. Sie ist geheilt. Sie wird leben und nicht sterben. Aber damit du dich besser fühlst, komme ich ins Krankenhaus."

Um drei Uhr nachmittags ging ich in das Krankenhauszimmer und das kleine Mädchen saß in seinem Bett und spielte. Die Eltern und Großeltern waren zu Besuch und unterhielten sich und lachten.

Ich sagte: „Ich dachte, sie wäre krank!"

Die Großmutter sagte zu mir: „Bruder, als die Mutter in deinem Büro war, hatte meine kleine Enkeltochter Schmerzen; man konnte nichts für sie tun. Aber als die Mutter bei dir im Büro war, wurde das kleine Mädchen so, wie du es jetzt siehst. Ihr fehlt nichts! Die Ärzte und Schwestern sind erstaunt. Sie wollen sie noch eine Woche hierbehalten, um ein paar Tests zu machen."

Ich antwortete: „Fein. Lasst sie sie hierbehalten und so viele Tests machen, wie sie wollen."

Sie behielten das Mädchen eine Woche im Krankenhaus und untersuchten es. Als sie sie nach Hause entließen, sagten sie: „Sie ist von Leukämie geheilt." Das ist Leben in Fülle! Das ist Jesus!

## Jesus weist Menschen nicht ab

Einmal kam ein amerikanischer Medizinstudent zu mir und sagte: „Eine junge Frau, die ich kenne, eine mexikanische Medizinstudentin, stirbt an einer unheilbaren Blutkrankheit. Sie wissen, was sie hat, aber sie können sie nicht heilen. Sie ist im Krankenhaus und stirbt. Wirst du kommen und für sie beten?"

„Ja, ich werde kommen", antwortete ich.

Es hat mich immer beeindruckt, dass Jesus nie zu beschäftigt ist, um Hausbesuche zu machen. Erinnerst du dich an die Frau mit dem Blutleiden, die sich Ihm näherte und Ihn am Gewand zog?

Jesus sagte nicht: „Nun, liebe Frau, ich bin Evangelist und sehr beschäftigt. Ich habe einen wichtigen Termin. Halte mich nicht auf."

Jesus sagte immer: „Na klar, ich komme."

Als dieser Medizinstudent mich bat, für die junge Frau zu beten, sagte ich: „Lass uns gehen!"

Wir gingen zu der Krankenstation, wo sie lag, aber sie erlaubten uns nicht, für sie zu beten. In den Vereinigten Staaten kann ein Geistlicher in jedes Krankenhaus gehen und für jemanden beten. Nicht so in Mexiko.

Erstens ist es überhaupt illegal, ein Missionar in Mexiko zu sein.

Es ist illegal, außerhalb einer Kirche das Evangelium zu verkünden oder irgendeine Art religiöser Anweisung zu geben.

Es ist darüber hinaus illegal, Hausgebetskreise oder Hotelmeetings abzuhalten, und es ist illegal, für Menschen im Krankenhaus zu beten. Ich musste mir einen Weg durch einige Krankenhäuser in Mexiko erkämpfen.

Dort auf der Station sah ich, dass sie die am schlechtesten aussehende Person im Raum war. Sie sah aus wie der Tod. Wir mussten das Wort zu ihr bringen. Mir war klar, dass wir auch für sie beten konnten, ohne die Hände aufzulegen, aber ich hatte den Eindruck, dass wir ihr das Wort bringen sollten. Das Wort heilt.

Am nächsten Tag kamen wir zurück, aber sie ließen uns immer noch nicht rein, so beteten wir: „Gott, Du wirst etwas tun müssen, damit wir dort hineinkommen, um ihr mit Deinem Wort zu dienen, ihr mit dem Leben zu dienen."

Das Wort Gottes ist Leben für die, die es finden. Wenn wir Menschen das Wort einflößen, flößen wir ihnen Leben ein. Wenn du für Menschen im Glauben betest, im Namen Jesu, gibt es keinen Dämon oder keine Krankheit, die groß genug sind, um sie nicht im Namen Jesu fortzuschicken.

Wenn Menschen das Wort nicht in sich haben, haben sie nichts, das ihnen Leben geben könnte. Der Geist oder die Krankheit werden zurückkommen. Wir haben das viele Male beobachtet. Aber wenn du das Wort mit jemandem teilst, ist das Wort Leben und Medizin. Es wird funktionieren!

Am nächsten Tag ging ich wieder in das Krankenhaus. Als ich in ihr Zimmer schaute, sah ich, dass ihr Bett leer war. Das Erste, was der Teufel zu mir sagte, war: „Sie ist gestorben!"

Ich fand eine Schwester und fragte: „Was ist mit der jungen Frau dort hinten im Bett passiert?"

Sie antwortete: „Man kann nichts für sie tun, die Ärzte haben sie zum Sterben nach Hause geschickt."

„Gelobt sei Gott! Ich weiß, was zu tun ist!", rief ich, als ich zu meinem Auto lief.

## Jesus schafft immer einen Weg

Ich fuhr durch Guadalajara zum Haus der Frau, ging hinein und teilte ihr das Wort mit. Dann legte ich ihr die Hände auf und betete für sie, im Namen Jesu. Sie war aufgedunsen und sah furchtbar aus. Ich muss einräumen, als ich damit fertig war, für sie zu beten, sah sie nicht anders aus. Aber nachdem ich ihr mit dem Wort Gottes gedient hatte, verließ ich diesen Ort im festen Glauben, dass sie gemäß Gottes Wort durch die Wunden Jesu geheilt war.

Am nächsten Sonntag predigte ich im Center und eine wunderschöne junge Frau kam herein und setzte sich hin. Ich erkannte sie nicht, aber nach dem Gottesdienst fand ich heraus, dass sie die Frau war, für die ich gebetet hatte. Gottes Wort funktioniert. Es wird dir Erfolg verschaffen. Es wird dir Wohlstand verleihen. Es wird dir Leben geben. Es wird deinen Körper heilen.

Ich habe dieses Wort überall in den Vereinigten Staaten und Lateinamerika gepredigt und mitgeteilt. Manche Menschen empfangen es wirklich und fangen etwas damit an. Andere sagen nur: „Ja, das ist sehr schön."

Manchmal ist es leichter, mit den einheimischen Pastoren als mit den Missionaren umzugehen.

Missionare sagen: „Schau, wir waren zweiundsiebzig Jahre hier. Wir wissen, wie es ist, und das, was du predigst, wird nicht funktionieren."

Ein Missionar sagte mir einmal: „Was du da predigst, wäre ja schön, wenn ich es glauben könnte.“

Als ich in Süd-Mexiko war, brachte eine Missionarin ihre Tochter zum Gebet zu mir. Sie wollte mir nicht sagen, was los war. Sie sagte einfach: „Bete für sie.“ Ich legte dem kleinen Mädchen die Hände auf und betete für sie.

Nach dem Gottesdienst sagte die Mutter: „Der Arzt sagt, sie hat einen Eingeweidebruch, der operativ entfernt werden muss. Du kannst es sehen und fühlen.“

Ich antwortete: „Nun, ich glaube, sie ist geheilt.“

Darauf entgegnete die Missionarin: „Nun, das ist das Problem, das ich immer hatte. Ich glaube es nicht.“

„Es ist mir egal, ob du es glaubst oder nicht. Ich habe für sie gebetet und ich glaube, dass sie geheilt wurde.“

Später erfuhr ich, dass die verheiratete Tochter der Mutter ihrer kleinen Schwester die Kleider auszog und sie untersuchte. Aber da war kein Bruch! Sie rief ihre Mutter, zeigte es ihr, und die Mutter stimmte zu, dass der Bruch weg war – aber sie legten nie darüber Zeugnis ab.

Menschen werden sagen: „Nun, es ist schön, wenn du das glauben kannst.“

## Ein Mann stand von den Toten auf

Als ich 1976 in Florida war, lud mich Dr. Doug Fowler, ein namhafter Chirurg in Jacksonville, ein, mein Zeugnis in seiner Gemeinde an einem Sonntagmorgen zu geben. Als ich auf der Bühne saß, bereit auf die Kanzel zu steigen, sah ich einen Mann in der Versammlung, über dem der Geist des Todes war. Dann fiel er tot um.

Dr. Fowler rannte zu ihm, maß seinen Puls, hörte sein Herz ab und sagte dann: „Er ist tot." Ein Sanitäter in der Kirche sagte auch, er wäre tot. Jeder stand auf, um zu sehen, was vor sich ging, aber ich bewegte mich nicht. Ich saß einfach da und hörte auf meinen Geist.

Dann sagte der Geist des Herrn zu mir: „Geh und sag dem Mann, dass sein Herz nicht erschrecken soll."

Gott wird dir nie etwas sagen, was im Gegensatz zu Seinem Wort steht. Ich wusste, das war Gottes Wort. Jesus sagte: Euer Herz erschrecke nicht, glaubt an Gott und glaubt an mich. (Johannes 14,1 LUT). Wir verwenden das hauptsächlich bei Beerdigungen, aber Gott sagte: „Geh und sag ihm, dass sein Herz nicht erschrecke."

Ich bahnte mir einen Weg durch die Menge zu der Stelle, wo der Mann über seinem Sitz lag, und sagte zu dem toten Mann: „In Jesu Namen, dein Herz erschrecke nicht."

Dann sagte ich: „Ich weise den Geist des Todes zurecht und befehle das Leben zurück in dich."

Der Mann öffnete seine Augen, schüttelte den Kopf und stand auf. Das ist Leben in Fülle! Das ist Jesus! Ich rechne mir das nicht als Verdienst an. Doug, der Pastor und die ganze Gemeinde beteten. Ich habe einfach Gott gehorcht, als Er zu meinem Herzen sprach. Das war im Juli 1976. Als ich im März 1977 dorthin zurückkehrte, fragte ich Dr. Fowler nach dem Mann.

Doug sagte: „Weißt du, er war nie zuvor in der Kirche gewesen. Er war nicht errettet. Er kam einfach an diesem Morgen in den Gottesdienst, setzte sich hin und starb. Aber Gott hat ihn von den Toten auferweckt! Wäre er in den meisten anderen Kirchen gewesen, würde er die Ewigkeit in der Hölle verbringen. Aber er wurde errettet, erfüllt mit dem Heiligen Geist, und ist jetzt einer der treuesten Diener unserer Gemeinde."

Gott gab mir die Anweisung, diesen Abend einen Heilungswundergottesdienst abzuhalten. Das taten wir, und Menschen wurden durch die Kraft Gottes geheilt. Mich hat es sehr berührt, dass die beiden kleinen Töchter (etwa zehn Jahre alt) von Dr. Fowler zum Gebet hochkamen. Die Salbung Gottes war so stark, dass niemand aufrecht stehen konnte. Ich musste mich an der Kanzel festhalten, um zu stehen. Manche Menschen haben Gottes Kraft als Nebel gesehen.

Die beiden Fowler–Mädchen fragten: „Würdest du für unsere Großmutter beten? Sie hatte im Dezember einen Autounfall und liegt seit sieben Monaten im Koma."

Ich nahm ihre Hände und sie kamen sofort unter Gottes Kraft. Ich hielt sie hoch, bis ich für ihre Großmutter gebetet hatte, dann ließ ich sie unter der Kraft zurückfallen. Nach dem Gottesdienst erzählte mir Doug, dass seine Mutter nach einem Autounfall im Koma lag.

Ich entgegnete: „Nun, Doug, Gott hat heute Abend etwas für sie getan. Du wirst davon hören."

Am nächsten Morgen in aller Frühe klingelte das Telefon in unserem Hotelzimmer. Es war Doug.

Er sagte: „Ich wollte dich noch erreichen, bevor du die Stadt verlässt. Als wir gestern Abend nach Hause kamen, hatten wir eine Nachricht vom Krankenhaus, dass meine Mutter wach und in gutem Zustand war."

Das ist Jesus!

K A P I T E L 7

# Gottes Wort funktioniert!

Gottes Wort ist wohl das Allerwichtigste, das du in dein Herz aufnehmen kannst. Wenn du das Wort Gottes in dein Herz pflanzt, wird es Licht erschaffen und du wirst erkennen, wofür du Gott glaubst. Wenn du Gott deinen Herzenswunsch anvertraut hast, kannst du sehr oft nichts davon sehen. Selbst wenn du Gott vertraust und dafür deinen Glauben einsetzt, ist es schwierig, es sich bildlich vorzustellen – und schwierig, daran festzuhalten. Du musst Gottes Wort in dein Herz pflanzen, weil Gottes Wort Licht ist. Es ist deines Fußes Leuchte. (Psalm 119, 105 LUT)

Jesus ist das Licht für uns und die Welt. (Johannes 8,12) Auch wir sind das Licht der Welt. (Matthäus 5,14)

Wenn wir Gottes Wort in uns haben, wird es Licht erschaffen. Wir werden befähigt, in die geistliche Welt zu sehen und unsere Herzensanliegen zu erkennen – die Dinge, für die wir geglaubt haben.

Jackie und ich sind schon lange von Gottes Wort begeistert. Wir haben begriffen, dass Jesus uns vom Fluch des Gesetzes befreit hat. Wir haben begriffen, dass wir von allem befreit wurden, was unter dem Fluch war.

Wir haben uns dafür entschieden, dass jede Art von Schmerz unter dem Fluch war, auch der Geburtsschmerz, also begannen wir Gott dafür zu glauben. Jackie bekam drei unserer vier Kinder ohne Schmerzen, Anästhesie, Nähte oder Schwierigkeiten. Wir nahmen Gott beim Wort! (Als unser erstes Kind geboren wurde, wussten wir davon noch nichts.)

### ÜBERNATÜRLICHE ENTBINDUNG!

Viele Frauen kommen zu Jackie und sagen: „Oh, ja, wir hatten eine natürliche Entbindung."

Ich rede aber nicht von der weltlichen „natürlichen Entbindung", darüber, in Seminare zu gehen und zu lernen, wie man atmet und hechelt. Ich spreche davon, Gottes Wort zu glauben, und ohne Schmerzen und Schwierigkeiten zu gebären, was Gottes natürliche Entbindung ist. Ich spreche nicht von morgendlicher Übelkeit. Morgendliche Übelkeit ist unter dem Fluch des Gesetzes.

Es war eine Freude mit Jackie zu leben, als sie dem Wort Gottes während ihrer Schwangerschaft glaubte. Es war, als würde sie gar kein Baby erwarten. Sie war gutgelaunt unterwegs und tat alles, was sie tun sollte. Als die Zeit kam, fuhr sie ins Krankenhaus und bekam das Baby.

Wir lebten zu dieser Zeit in Mexiko und kannten niemanden, der es so gemacht hatte. Wir glaubten einfach Gott. An einem Samstagabend glaubten wir, dass das Baby am nächsten Morgen geboren werden würde, also stellten wir uns auf das Wort Gottes.

Wir sagten: „Gott, wir rufen Dich und Jesus und den Heiligen Geist als Zeugen. Wir lassen alle Engel und jeden im Himmel genauso wie den Teufel und seine Mannschaft das Folgende wissen. Wir werden es euch vorlesen, denn das ist es, was wir glauben."

Dann lasen wir Galater 3,13 (LUT): Christus aber hat uns losgekauft vom Fluch des Gesetzes.

Wir lasen aus 1. Mose 3, wie der Fluch auf Eva gelegt wurde, und wir erklärten, dass Jesus den Fluch weggenommen hat.

Wir lasen aus 5. Mose 28 alles über die Segnungen und die Flüche.

Dann lasen wir 1. Timotheus 2, 15, dass Frauen dadurch gerettet werden, dass sie Kinder zur Welt bringen.

Wir gingen zurück zum ersten Kapitel aus 2. Mose und lasen, wie der Pharao allen Hebammen befahl, jedes männliche Kind zu töten, das einer hebräischen Frau geboren wurde.

Als der Pharao herausfand, dass sie dies nicht getan hatten, befahl er sie zu sich, um den Grund herauszufinden.

Die Hebammen antworteten: „Die hebräischen Frauen sind nicht wie die ägyptischen, denn sie sind lebhaftere Frauen. Ehe die Hebamme zu ihnen kommt, haben sie geboren." (2. Mose 1,19 LUT)

Die hebräischen Frauen hatten eine Vereinbarung mit Gott. Sie waren nicht wie die ägyptischen Frauen, die schwere Geburten hatten. Hebräische Frauen bekamen ihre Kinder ohne Schwierigkeiten.

Wir lasen alle diese Schriftstellen vor Gott und sagten dann: „Nun, Herr, dieses Baby wird am Morgen geboren werden, in Jesu Namen danken wir Dir."

Am nächsten Morgen standen wir auf und fuhren ins Krankenhaus. Bei Jackie begannen die Wehen. Ihre Bauchmuskeln kontrahierten, aber sie hatte keine Schmerzen.

(Jeder spricht von Wehen, aber wir beschlossen, es nicht „Weh" zu nennen, da Jackie keine Schmerzen haben würde.)

Als wir ins Krankenhaus gingen, lachten wir und unterhielten uns, also fragten sie uns, was wir dort machten.

„Ich werde ein Kind bekommen", sagte Jackie.

„Wann werden Sie das Kind bekommen?", fragten sie, da sie lächelte und aufrecht ohne irgendeinen sichtbaren Schmerz da stand.

„In zehn Minuten."

Sie lachten und Jackie sagte: „Ich mache keine Witze. Ich bekomme das Baby jetzt."

Als wir sie schließlich überzeugten, dass sie es ernst meinte, untersuchten sie sie und gerieten alle in Panik!

Jackie bekam das Baby innerhalb von zwanzig Minuten. Sie hatte sich um zehn Minuten vertan. Das Baby, ein Junge, wog viereinhalb Kilo. Während der Entbindung hatte Jackie keine Schmerzen, keine Anästhesie und keine Schwierigkeiten.

Danach bekam sie noch zwei Kinder ohne Schmerzen und Schwierigkeiten. Eines von ihnen wurde in Odessa, Texas geboren.

Als eine der Schwestern im Krankenhaus zu ihr kam, sagte Jackie: „Nun, ich bin so weit, das Kind zu bekommen."

Die Schwester antwortete: „Nein, meine Liebe, ich mache das schon eine ganze Weile. Dein Lächeln muss sich erst verändern.

Ich weiß, wann eine Frau ein Kind bekommt, und dein Gesicht muss sich noch verändern! Du lächelst."

Jackie antwortete: „Aber ich lächle die ganze Zeit." – und das tat sie auch!

Ihr Frauen, wenn ihr ein Kind bekommt, geht das auch ohne Schmerzen. Vertieft euch einfach in Gottes Wort und füllt euer Innerstes damit an. Dann sprecht aus, was Gott in Seinem Wort über die Situation sagt.

## Das Wort eines Königs

Während eines Einsatzes in Tepeapulco, Mexiko, predigte ich: „Du kannst haben, was du sagst." (Markus 11, 23 ELB) Ich zeigte ihnen die Bibelstellen, worin steht, dass wir Könige und Priester für Gott sind (Offenbarung 1,6 SLT) und dass das Wort des Königs mächtig ist (Prediger 8,4 ELB). [Das Wort eines Königs ist von Autorität und Macht. AMP] Ich predigte das Wort und es geschahen einige Wunder. Gott bestätigte Sein Wort.

In Tepeapulco gibt es eine Fahrzeugfabrik namens Dina. Als die Int. Harvester Co. den „Travelall" und den „International Pickup" nicht mehr herstellte, verkauften sie ihr Unternehmen nach Mexiko. Nun stellt Mexiko International Pickups her und nennt sie „Dina". Die Menschen verdienen gut in diesem Werk.

Am Tag, nachdem wir unseren evangelistischen Einsatz gestartet hatten, kamen einige Menschen zu mir und sagten: „Das Dina-Werk schließt am Mittwochmorgen. Die Gewerkschaft hat es so festgelegt. Die Plakate sind schon fertig. Der Präsident von Mexiko sagt, da kann man nichts tun."

Ich ging am Abend in den Gottesdienst und sagte: „Jeder, der von der Schließung des Dina–Werkes betroffen ist, soll seine Hand heben."

Sie hoben alle die Hand.

„Ok, letzte Nacht habe ich gepredigt, dass dort, wo das Wort eines Königs ist, Kraft ist. Ich glaube an das, was ich gepredigt habe, und so sage ich als Mann Gottes: Das Dina–Werk wird nicht am Mittwoch oder danach schließen. Des Weiteren, falls das Werk doch schließen sollte, könnt ihr jedem in Tepeapulco erzählen, dass der Gott von Terry Mize ein Lügner ist und ich werde meine Sachen packen und gehen."

„Aber ich bin für einen zweiwöchigen Einsatz hier und ich werde meine Sachen nicht packen. Wir werden einen zweiwöchigen Einsatz haben!"

An den ersten beiden Abenden der Versammlung waren die Menschen ziemlich ruhig. Obwohl ich predigte und Gott Sein Wort bestätigte, beobachteten und warteten sie alle. Dann kam Mittwochmorgen und das Werk schloss nicht. Dann hatten wir aber eine Versammlung!

Gottes Geist bewegte sich an diesem Ort und bewies diesen Leuten die Kraft Gottes. Sechs Kinder, die taubstumm waren, wurden von Gottes Kraft vollständig geheilt. Dann brachte jemand ein kleines neunjähriges Mädchen mit Epilepsie herein.

Ich sagte: „Bringt sie morgen zu mir, dorthin, wo ich wohne. Ich möchte für sie beten, wenn ihre Mutter dabei ist."

Die Mutter brachte das kleine Mädchen, und beim Hereinkommen bekam es einen Anfall. Ich erklärte der Mutter, was wir tun würden – nämlich den Teufel austreiben. Es ist wichtig zu wissen, dass wir uns auf Spanisch unterhielten.

Ich sagte zu dem kleinen Mädchen: „Liebes, sag: ‚Ich bin frei'."

Sie (ein Dämon in ihr) sagte: „Ich bin Christus."

Ich wiederholte: „Sag: ‚Ich bin frei.' "

Sie sagte wieder: „Ich bin Christus."

Ich sagte: „Sag Folgendes: ‚Satan, du kannst nicht in mir leben.' "

Sie sagte: „Satan, ich kann nicht ohne dich leben."

Diese beiden Sätze sind ähnlich im Spanischen, also ließ ich es sie nochmal sagen: „Satan, du kannst nicht in mir leben."

Sie sagte: „Satan, ich kann nicht ohne dich leben."

Ich sagte diesem Dämon, dass ich das nicht witzig fand. Dann trieb ich ihn im Namen Jesu aus und er verschwand. Das kleine Mädchen war vollständig freigesetzt durch die Macht Gottes! Ich sprach lange Zeit danach mit ihrem Onkel und sie war immer noch frei.

Einsätze unter freiem Himmel sind aufregend. Wunderheilungen sind nötig, weil man es hauptsächlich mit Sündern zu tun hat. Wie auch immer, ich liebe es, in die lokalen Gemeinden zu gehen und die Glaubensbotschaft zu lehren: dass du haben kannst, was du sagst, und dass du gerechtfertigt bist vor Gott durch Jesus. Die Menschen sind begeistert, wenn sie das hören.

## Die Glaubensbotschaft ist aufregend

In einer bestimmten Versammlung kam eine Frau nach vorne, die an einer großen Wucherung an ihrem Magen litt. Als ich für sie betete, verschwand das Ding. Etwa drei Monate später traf ich ihren Pastor. Er sagte, nachdem ich gegangen war, kam die Wucherung wieder und ihre Kinder brachten sie nach Mexiko City. Die Ärzte sagten, dass die Wucherung sofort entfernt werden müsste, also bereiteten sie sie für die Operation vor.

Die Frau dachte: „Was in aller Welt mache ich hier? Als Bruder Terry für mich gebetet hat, verschwand die Wucherung. Er lehrte uns, dass wir Könige und Priester sind, dass wir vom Fluch befreit sind, dass wir gerechtfertigt sind vor Gott und dass Satan kein Recht hat, irgendetwas an unserem Körper zu tun!"

Dann sagte sie: „Einen Moment bitte", ging zum WC, legte die Hände auf die Wucherung und verfluchte sie.

Sie sagte: „Ich muss mich damit nicht auseinandersetzen. Ich bin durch die Wunden Jesu geheilt."

Als sie in das Arztzimmer zurückkehrte und untersucht wurde, war die Wucherung verschwunden! Sie schickten sie nach Hause!

Nach einem anderen Gottesdienst erzählte mir eine Frau: „Letzten Abend ging ich rüber zum Haus meiner Schwester, um sie, ihren Mann und ihre kleine Tochter, die krank gewesen war, zu besuchen. Als ich dort war, bekam das Mädchen Krämpfe, stürzte auf den Boden und starb! Meine Schwester und ihr Mann wurden hysterisch, also schrie ich sie an, still zu sein."

„Ich sagte ihnen, was ich gerade im Gottesdienst gelernt hatte – wir haben Autorität im Namen Jesu und können für die Kranken beten und dass die Toten auferstehen. Ich sagte ihnen, dass Jesus größer ist als der Teufel, weil die Bibel sagt: Der, welcher in euch ist, ist größer als der, der in der Welt ist (1. Johannes 4,4 ELB). Ich sagte ihnen, dass wir sofort beten und sie auferwecken würden. Und das taten wir!"

Es hat mich so begeistert, dass sie nicht zu mir kam, damit ich es täte. Wenn Menschen wirklich das gepredigte Wort aufnehmen, wenn sie erkennen, dass sie Zeichen und Wunder durch die Kraft Gottes, die in ihnen wohnt, tun können, dann empfinde ich es so, als hätte ich meine Aufgabe erfüllt.

Nachdem ich eines Abends in Guadajalara die Predigt beendet hatte, kam ein Mann in der Gebetsschlange zu mir, der auf einem Auge völlig erblindet war und mit dem anderen Auge in der hellen Sonne nur Licht von Schatten unterscheiden konnte. Als ich ihm meine Hände auflegte, stellte Gott sein Sehvermögen wieder her. Obwohl er seit acht Jahren nicht mehr gearbeitet hatte, ging er am nächsten Tag wieder zur Arbeit.

Als ich ihn in der folgenden Woche besuchte, sagte Gott mir, dass etwas mit einem anderen Mitglied seiner Familie nicht in Ordnung wäre. Ich fragte ihn danach. Er erzählte, dass Gott eine seiner Töchter von Blutungen geheilt hatte.

Als ich jedoch aufbrechen wollte, sprach Gott wiederum zu mir, also drehte ich mich zu dem Mann um und sagte: „Ist eines deiner Kinder krank?"

Er sagte: „Nein".

Als ich ihm aber mitteilte, was Gott gerade zu mir gesagt hatte, meinte er: „Ich habe einen vierjährigen Enkelsohn, der noch nie ein Wort gesprochen hat."

Ich antwortete: „Das ist es, was Gott möchte, dass ich tue. Bring ihn her."

Sie brachten einen niedlichen kleinen Jungen namens Ricardo herein. Ich wies den Geist der Stummheit zurecht, befahl Heilung, in ihn zu kommen und die Fessel seiner Zunge zu lösen. Dann zeigte ich auf seine Mutter und fragte ihn, wie ihr Name sei.

Er sagte: „Maria." – und hat seitdem gesprochen! Er wurde durch die Macht Gottes geheilt!

Viele Leute sagen mir, es wäre einfacher, Wunder in fremder Umgebung zu erleben, wo es unkompliziert ist, zu glauben. Bis zu einem gewissen Grad ist das wahr. Ich habe aber auch festgestellt, dass das Bekenntnis des Pastors einen großen Unterschied macht.

## Wunder können überall geschehen

Früher war ich es gewohnt zu sagen: „Ich erlebe Wunder in Mexiko, aber nicht in den Vereinigten Staaten."

Seitdem ich bekannt habe: „Ich erlebe Wunder, wohin auch immer ich gehe, weil ich das Wort Gottes predige, und Gott bestätigt Sein Wort", erlebe ich auch Wunder in den Vereinigten Staaten. Wenn du das Wort Gottes verkündest, ist es einfach, Wunder überall zu erleben.

Einmal brachte man in Mexiko einen einundzwanzigjährigen Jungen zu mir, der aussah wie ein Zombie. Pepe sabberte, seine Pupillen waren erweitert und er konnte weder gehen, sprechen noch essen. Wenn man seinen Arm hob, blieb er so für Stunden. Er blieb in jeder Position, in die man ihn brachte. Sie erzählten, dass er seit acht Tagen in diesem Zustand war. Er ging eines Morgens zur Arbeit und kam so im Taxi zurück.

Ich fragte seine Mutter: „Warum hast du ihn hergebracht?"

Sie antwortete: „Jemand hat mir erzählt, dass du ihm helfen kannst."

Ich verjagte den Teufel im Namen Jesu und brachte den Jungen soweit, dass er sprechen konnte. Ich schickte ihn nach Hause und sagte seiner Familie, dass ich später zu ihnen kommen würde, um nach ihm zu sehen.

Ich besuchte ihn sieben Tage hintereinander und betete für ihn. Er wurde vollkommen normal. Ich fand heraus, dass er sich mit Gedankenkontrolle beschäftigt hatte, was dazu führte, dass Satan seinen Verstand kontrollierte. Menschen suchen nach der Wirklichkeit, und um sie zu betrügen, hat Satan nahezu jedes Wirken Gottes verfälscht.

In Josua 1,8 weist Gott Josua an, Sein Wort zu erforschen. Satan fälscht Gottes Gesetze, weil er weiß, dass Gottes Gesetze funktionieren. Darum hat er die Transzendentale Meditation und Yoga eingeführt. Die Fälschung funktioniert bis zu einem gewissen Punkt – dann wird sie dich töten, wie es Pepe beinahe geschehen ist.

Als ich mich eines Abends aufmachte und Pepe besuchte, spürte ich eine Warnung in meinem Geist.

Ich sagte zu seiner Mutter: „Wenn wir heute Abend fortgehen und er beginnt sich zu übergeben, hab keine Angst. Ich spüre in meinem Geist, dass ich dir das sagen soll. Alles wird gut werden. Pepe ist befreit."

Sie antwortete: „In Ordnung. Alles ist gut."

Ich ging, aber in meinem Geist war ich aufgewühlt. Am nächsten Tag ging ich zu Pepes Haus zurück. Er war nirgendwo zu sehen. Seine Mutter erzählte mir, dass er in einer psychiatrischen Anstalt war!

Sie sagte: „Nachdem du gestern Abend gegangen warst, begann er dieses schwarze Zeug zu erbrechen. Er sagte, so wie du, dass alles in Ordnung sei – aber ich bekam Angst und rief den Arzt.“

Nachdem der Arzt die Geschichte gehört hatte, wie Pepe wie ein Zombie von der Arbeit gekommen war und Stimmen hörte, die ihm sagten, dass sie ihn töten würden, schickte er ihn in eine psychiatrische Anstalt. (Ich bin nicht gegen Ärzte. Sie bekämpfen dieselben Dinge wie wir, aber sie behandeln Symptome. Wir versuchen die Ursache zu bekämpfen.)

Ich sagte zu seiner Mutter: „Acht Tage lang war er so gut wie tot. Da hast du weder den Arzt gerufen noch ihn ins Krankenhaus gebracht. Du brachtest ihn zu mir. Jetzt, wo es ihm gut geht, rufst du den Arzt, der ihn in eine psychiatrische Anstalt steckt. Komm mit, wir besuchen ihn.“

„Wir können ihn nicht besuchen“, antwortete sie.

Ich brachte sie zu meinem Auto und nahm einen Freund von mir mit. Es war schon dunkel, als wir bei der psychiatrischen Anstalt ankamen – und sie sah nicht einladend aus. Ich passierte die Eisentore zum unheilverkündenden Gebäude. Ich nahm meine Bibel und wir gingen hinein.

Mein Freund sagte: „Nimm deine Bibel nicht mit, sie werden uns einsperren.“

Ich entgegnete: „Ich würde nicht einmal im Traum ein solches Gebäude ohne meine Bibel betreten.“

Zu der jungen Frau am Empfang sagte ich: „Das ist die Mutter von Pepe. Wir möchten ihn sehen.“

Sie antwortete: „Das ist verboten.“ (Ich hörte das Wort „verboten“ viele Male in dieser Nacht!)

„Vielleicht hast du nicht verstanden, was ich gesagt habe", entgegnete ich. „Das ist die Mutter von Pepe. Wir möchten ihn sehen."

Sie antwortete: „Das ist verboten."

Ich sagte zu ihr: „Junge Dame, ich bin der Pastor dieses Jungen. Ich bin ein Missionar. Ich verkünde das Wort Gottes an dein Volk und ich will ihn jetzt sehen!"

Wiederum sagte sie: „Das ist verboten."

Ich hatte alle Gelegenheit zu scheitern und nach Hause zu gehen. Wir haben viele solche Gelegenheiten, aber wir müssen am Wort Gottes festhalten und den Sieg durchsetzen.

Ich knallte meine Bibel auf ihren Tisch, klopfte darauf und sagte: „Ich will diesen Jungen sehen und zwar sofort!"

Sie antwortete: „Das ist verboten."

Sie verhielt sich schon etwas vorsichtiger. (Sie dachte, ich gehörte zu diesem Ort!)

Ich antwortete: „Ich möchte einen Vorgesetzten sprechen, da ich diesen Ort nicht verlassen werde, bevor ich Pepe gesehen habe."

Schließlich sagte sie: „In Ordnung. Dort drüben ist ein Gang, alle Patienten sind zu ihrer Behandlung gegangen. Wenn sie zurückkommen, können Sie ihn durch das Fenster sehen."

„Oh nein. Ich werde ihn nicht durch ein Fenster sehen. Du wirst die Tür öffnen und mich hineinlassen."

Ich sagte das so lange, bis sie schließlich die Tür öffnete. Nachdem ich meinem Freund gesagt hatte, dass er die Tür aufhalten solle, damit sie mich nicht einsperren konnte, ging ich durch in den schmalen Gang.

Ungefähr einhundertfünfzig Patienten kamen auf mich zu. Jeder Dämon an diesem Ort wusste, wer ich war und warum ich da war. Meine Knie begannen fast zu zittern, aber ich ließ sie nicht. Ich hielt meine Bibel in meinen verschränkten Armen und sagte immer wieder: „Der, der in mir ist, ist größer, als der, der in der Welt ist!"

Einige dieser Typen kamen sehr dicht, Nase an Nase, an mich heran. Ich sagte: „Ich weise dich zurück, Satan, im Namen Jesu." Der Patient ging dann, der nächste machte dasselbe, und wieder stand ich in der Autorität des Namens Jesu.

Schließlich kam Pepe. Ich fasste ihn, schob ihn durch die Tür und sagte zu meinem Freund: „Bring ihn ins Auto, wir verschwinden hier!"

Die junge Frau schlug Alarm, aber es kam nur ein Wächter. (Gott sei Dank!) Sie erzählte ihm, was ich getan hatte.

Statt ihm Zeit zum Nachdenken zu geben, fing ich an, ihn zurechtzuweisen. Ich sagte ihm, dass ich ein Mann Gottes sei, dass Pepe einer meiner Schützlinge sei und er sterben würde, wenn er in dieser Anstalt bliebe.

Immer wieder sagte ich zu ihm: „Mach die Rechnung fertig und ich werde sie bezahlen, wenn du das willst. Ich bringe Pepe hier raus … im Namen Jesu!"

Schließlich sagte er zu der Frau: „Mach seine Rechnung fertig."

Er hielt eine große Akte hoch und ich sagte: „Ich möchte wissen, welche Medikamente ihr ihm gegeben habt."

Er antwortete: „Es ist verboten, diese Information herauszugeben."

Ich schnappte mir die Akte aus seiner Hand und brachte ihn dazu aufzuschreiben, was sie Pepe gegeben hatten, während ich es ablas. Ich nahm den Zettel, bezahlte die Rechnung und ging!

Mein Freund und ich beteten während der Fahrt für Pepe. Als wir bei ihm zu Hause ankamen, war er vollkommen befreit! Am nächsten Tag zeigte ich zwei geisterfüllten Ärzten in Guadalajara die Rezepte. Sie sagten, die Medikamente seien anstaltsmäßig, die Dosis dreimal so hoch wie sie irgendjemand haben sollte, und es würde drei oder vier Tage dauern, bis Pepe sich erholt hätte. Ich sagte ihnen, dass er sich bereits erholt hatte. Ich wollte einfach wissen, was die Ärzte ihm gegeben hatten.

Man hat Gelegenheiten, etwas in dieser Welt zu bewegen, selbst wenn es bedeutet, Menschen aus einer psychiatrischen Anstalt zu entführen oder dass auf einen geschossen wird! Das Wort Gottes funktioniert immer noch!

## Sei ein Überwinder

Es ist unsere Aufgabe, das Evangelium so vielen Menschen wie möglich in aller Welt mitzuteilen. Jesus sagte, wenn wir das getan haben, wird das Ende kommen.

David sagte: Ich war jung und bin auch alt geworden, doch nie sah ich einen Gerechten verlassen, noch seine Nachkommen um Brot betteln. (Psalm 37,25 ELB).

Wenn du je das Verlangen hattest, in die Mission zu gehen, kann ich dir Dinge vermitteln, die dabei in deinem Alltag funktionieren und dich durchbringen. Gott wird dich anleiten, indem er dich zu einem Überwinder macht – sogar zu mehr als einem Überwinder (Römer 8,37). Gottes Wort wird dich befähigen, den Teufel zu schlagen, mühelos. Es wird Essen auf deinen Tisch bringen und dich bekleiden. Es ist schön, das in der Gemeinde zu hören, aber ich bin ein lebendiges Beispiel, dass Gottes Wort im Alltag funktioniert.

Als ich etwa siebzehn Jahre alt war, predigte ich in meiner Heimatgemeinde, in der ich ein Jugendleiter war. Ich blieb, bis alle gegangen waren, dann schloss ich ab und ging ebenfalls raus. Gerade als ich meine Hand an die Autotür legte, packte mich jemand, stieß mich gegen den Wagen und hielt mir ein Klappmesser an die Kehle.

„Ich werde dich töten“, sagte er.

Das Erste, was aus meinem Mund kam, war: „Teufel, nimm deine Hände weg von Gottes Gesalbtem, im Namen Jesu!“

Er sah mich etwas merkwürdig an, nahm sein Messer weg, drehte sich um und rannte fort. Diese Dinge werden für dich genauso funktionieren wie für mich! Nimm Gottes Wort mit beiden Ohren auf, pflanze es in dein Herz, dann lass es aus deinem Geist heraus und aus deinem Mund kommen.

K A P I T E L 8

# Ein Engel vor dir

**Siehe, ich sende einen Engel vor dir her, damit er dich auf dem Weg bewahrt und dich an den Ort bringt, den ich für dich bereitet habe.**

**— 2. Mose 23,20 (ELB)**

Der Pastor einer kleinen Baptistengemeinde in Oaxaca, Mexiko, predigte das Wort Gottes und verärgerte damit die Ungläubigen, also beschlossen einige von ihnen, ihn zu töten. Als er eines Abends predigte, umzingelten sie die Kirche. Es gab nur einen Ausgang, also wartete dort ein Mob mit Macheten, Stöcken und Steinen auf ihn.

Als der Pastor seine Predigt beendet hatte und alle Gläubigen nach Hause gegangen waren, sagte er: „Nun, Gott, ich muss da raus gehen. Mir macht es nichts aus, in den Himmel zu kommen. Wenn es Zeit für mich ist, zu gehen, werde ich gehen. Aber ich glaube nicht, dass Du schon mit mir fertig bist. Also gehe ich da raus und glaube Dir. Was immer Du entscheidest, ist in Ordnung für mich."

Als er aus der Kirche ging, hatte sich der wütende Mob zurückgezogen und ließ ihm viel Platz. Er lief direkt durch die Menge, ging nach Hause und schlief ein.

Am nächsten Tag kam ein Mann zu ihm und sagte: „Wir dachten, du wärst allein in der Kirche."

„Das war ich", sagte er.

„Oh nein, das warst du nicht!", rief der Mann.

„Doch, war ich. Da war niemand außer mir."

„Nein", beharrte der Mann, „als du herauskamst, waren da zwei riesige Kerle bei dir. Sie trugen Cowboyhüte und hatten Waffen an ihren Hüften."

Gott hat Sinn für Humor! Er schickte Seine Texas Engel!

## Gottes Armee in Weiss

In Ixmiquilpan, Mexiko, haben die Otomi-Indianer eine der größten protestantischen Kirchen Lateinamerikas. An Pfingstsonntag oder Ostern ist die Kirche dort mit acht- oder neuntausend Menschen vollgepackt, Schulter an Schulter.

Als die Kirche in den 1940er Jahren gegründet wurde, verkündigte der Pastor das Evangelium und machte die Menschen wütend. Manche Christen starben den Märtyrertod. Ungläubige schleiften sie durch die Kakteenbeete, bis ihre Gesichter buchstäblich abgerieben waren, dann erschossen sie sie.

Die Verfolgung wurde so schlimm, dass die Gläubigen auf einen kargen Hügel umzogen und dort lebten. Sie nannten ihn „Hügel von Golgatha".

Gott wirkte weiter durch sie, und immer mehr Leute bekehrten sich bei ihnen. Schließlich beschlossen die Ungläubigen im Tal unten, sie zu vernichten. Statt sie einzeln umzubringen, wollten sie sie alle gemeinsam töten. In dieser Nacht umzingelten die Ungläubigen den Hügel und marschierten gemeinsam auf den „Hügel Golgatha".

Auf halbem Weg nach oben liefen sie in eine Armee, die ganz in Weiß gekleidet und schwer bewaffnet war. Sie machten einen hektischen Rückzieher den Hügel hinunter! Einige Monate später begannen sie ein Gespräch mit einigen der Gläubigen und wollten wissen, woher sie ihre Armee hatten. Natürlich wussten die Gläubigen nichts von einem Angriff, einer Armee oder einem Rückzug. Sie waren einfach dort oben und beteten – und Gott schickte eine Armee, um den Angriff abzuwehren!

Überflüssig zu sagen, dass das der Grund ist, warum dort die Kirche ist und warum sie so groß ist. Ich habe dort viele Male gepredigt und jeder Einsatz bezeugte, dass Gott Sein Wort bestätigt. Es ereigneten sich viele Wunder, als Er Sein Wort für die Otomi-Indianer bestätigte. Die Zeiten, in denen Gott übernatürliche Dinge tut, sind nicht vorbei. Tatsächlich bestätigt Er Sein Wort und tut übernatürliche Dinge auch heute.

## Gott hat immer noch Sein Rezept für Manna

Wenn ich die Geschichte von den in der Wüste umherziehenden Israeliten lese, macht mich das glücklich. Ihre Kleidung nützte sich nicht ab. Sie hatten tagsüber eine Wolke, die sie vor der Sonne schützte. Sie hatten eine Feuersäule in der Nacht, die sie warmhielt. Sie hatten einen Felsen, der ihnen Trinkwasser gab.

Die Bibel sagt, dass kein Schwacher unter ihnen war. Sie hatten tägliches Manna! Frisches Brot vom Himmel!

Die Menschen glauben, Gott hätte das Rezept für Manna heute nicht mehr. Bei dieser Gelegenheit möchte ich dir sagen, dass Er es noch hat! Menschen in aller Welt sterben an Hunger. Würden sie nur ihren Glauben einsetzen – Gott würde sie mit Manna versorgen.

Nur weil Er die Bäckerei geschlossen hat, bedeutet das nicht, dass Er die Öfen entfernt hat! Er hat das Rezept für Manna immer noch. Wenn die Menschen an Gott glauben können, wird Er sie ernähren.

Als Elia am Bach saß, brachten die Raben ihm Fleisch und Brot. Das Übernatürliche wird nie knapp, nur das Natürliche trocknet aus. Wenn man umherzieht und das Evangelium verkündet, wird Gott es nie an etwas fehlen lassen. Man kann sich auf Sein Wort verlassen.

Jackie und ich haben ganz Mexiko bereist, ohne Geld zu haben. Wir sind an Orte gekommen und haben Dinge getan, ohne auch nur darüber nachzudenken. Wenn wir es taten, wurde uns klar, wie oft Gott übernatürlich in unser Leben eingegriffen hatte.

Als wir zum ersten Mal nach Mexiko gingen, war es einfach, weil Gott gesagt hatte: „Geht!“. Selbst als unser einziger Kontakt in Mexiko starb, bevor wir bereit zum Aufbruch waren, gingen wir trotzdem.

Ich hatte die Adresse einer mexikanischen Familie, also schrieb ich ihnen einen Brief, in dem stand: „Diese Schwester, die wir beide kennen, ist gestorben. Aber meine Frau und ich vertrauen Gott. Wir kommen nach Mexiko, um zu dienen.“

Die Dame schrieb zurück und forderte uns auf zu kommen. Als wir loszogen, hatten wir noch nicht einmal ein Auto. Wir verkauften alles und hatten nichts mehr, auch kein Geld! (Ich ermutige niemanden das zu tun, außer er ist sich sicher, dass es von Gott ist.)

Dann rief mich ein Freund aus McAlester, Oklahoma an, der ein Cesna 206 Flugzeug besaß, und sagte: „Terry, ich habe gehört, dass ihr nach Mexiko geht."

„Das stimmt."

Ich hatte keine Ahnung, wann wir aufbrechen würden, aber ich antwortete auf seine Frage: „Nächsten Donnerstag".

Ich wusste nicht, wie wir nach Mexiko kommen würden. Ich sprach es einfach aus: „Nächsten Donnerstag".

Daraufhin sagte er: „Ich werde euch mit meinem Flugzeug runterfliegen, wenn ihr die Kosten übernehmt."

„Wie hoch sind die Kosten?"

„Ungefähr $ 200."

„Okay, sei am Mittwoch hier."

Nachdem mein Freund eingewilligt hatte, am Mittwoch zu kommen, hörte ich mich selbst sagen: „Ausgezeichnet, ich werde die $ 200 haben."

Mein Verstand schrie mich an! Es gab keine Möglichkeit, an das Geld zu kommen. Verschiedene Menschen hatten angerufen und gefragt, ob wir etwas bräuchten.

Ich hatte geantwortet: „Überhaupt nicht! Mein Gott aber wird all unserem Mangel abhelfen nach Seinem Reichtum in Herrlichkeit in Christus Jesus. Aber danke dir."

Dafür gab es einen Grund. Als Jackie und ich unseren Dienst begannen, sagten wir: „Gott, wir werden niemandem unsere

Bedürfnisse offenlegen. Wir werden niemals jemanden um einen Ort für die Verkündigung bitten."

Daran haben wir uns gehalten. Ich habe nie einen Pastor angerufen und gesagt: „Bruder, ich werde in deiner Gegend sein. Möchtest du, dass ich komme und mit deiner Gemeinde Gemeinschaft habe?"

Mir ist wichtig zu sagen, dass ich niemanden kritisiere, der das tut. Jeder muss es auf die Art und Weise handhaben, wie Gott ihn führt, aber mir hat Gott nicht aufgetragen, es so zu tun.

Ich sagte: „Gott, ich arbeite für Dich. Weil Du mein Arbeitgeber bist, erwarte ich, dass Du mich besser behandelst und besser bezahlst, als es ein weltlicher Arbeitgeber tun würde: Ich möchte niemals bankrott sein. Wenn die Lebenshaltungskosten steigen, erwarte ich, dass Du mein Gehalt erhöhst. Wenn wir hungern, dann hungern wir im Namen Jesu. Wenn wir untergehen, dann weil Du untergegangen bist."

Wie wir wissen, ist Gott niemals untergegangen, und wir werden nicht untergehen! Er hat nicht aufgehört, uns zu unterstützen und zu beschützen. So sind wir in unseren Dienst gegangen, und so agieren wir auch heute noch.

Dem einzigen Missionsvorstand, den ich je hatte, gehören der Vater, der Sohn und der Heilige Geist an. Ich arbeite für die Gott & Sohn Company und sie zahlen sehr gut!

In der Nacht, bevor mein Freund uns nach Mexiko fliegen sollte, machten wir uns auf, um Zeit mit meiner Familie zu verbringen. Als wir losfuhren, wies Gott mich an, bei einigen anderen Leuten vorbeizuschauen.

Ehrlich gesagt, wollte ich das nicht, also tat ich es nicht. Ich fuhr einfach weiter zu unserem Zuhause.

Nach kurzer Zeit sagte Jackie: „Ich glaube, Gott hat mir gerade gesagt, dass wir die-und-die besuchen sollen."

Ich antwortete: „Ich weiß. Er hat es mir auch gesagt; aber ich möchte da nicht hin. Ich möchte nach Hause."

Sie sagte: „Nun, wenn Gott es uns beiden gesagt hat, dann sollten wir besser zu ihnen."

Also fuhren wir zu ihrem Haus. Als die Dame aus der Tür kam und uns sah, hüpfte sie auf und ab und lobte Gott!

Der Herr hatte ihr an diesem Tag gesagt, dass sie uns $ 250 geben sollte. Sie hatte sich den ganzen Tag gesorgt, wie sie es ihrem Mann erzählen sollte, aber Gott hatte ihm dasselbe gesagt, als er im Büro war. Sie wussten nicht, wie sie uns kontaktieren sollten, und dann erschienen wir an ihrer Tür!

Ich zahlte meinem Freund $ 200, um uns nach Oaxaca, Mexiko, zu fliegen. Das ist nicht das Ende der Welt, aber man kann es auf jeden Fall von dort aus sehen!

Als das Flugzeug in den Sonnenuntergang abflog, begannen wir unsere Missionarskarriere mit $ 50 in der Tasche, ohne Gemeinde oder irgendeine andere Unterstützung. Aber wir hatten das Wort Gottes!

Es gab Zeiten, in denen Gott zu mir sagte: „Mein Wort ist besser als Geld in deiner Tasche."

## Gott lebt nicht in einem Briefkasten

Oft gibt Gott uns ein Wort und wir machen einen ganzen Satz daraus. Gott sprach in Oaxaca zu uns und trug uns auf, nach Guadalajara zu gehen.

Ich sagte: „Klar, ich werde gehen."

Ich dachte wirklich, ich würde dorthin gehen, um die Sprache zu lernen. Später fand ich heraus, dass Gott wollte, dass wir dort leben und eine Arbeit beginnen.

Als Gott mir mitteilte, dass wir nach Guadalajara gehen sollten, fragte ich: „Wann sollen wir gehen?"

„Diese Woche", sagte Er.

Da waren Jackie und ich mit unserem zwei Jahre alten Sohn und noch ein 27-jähriges Mädchen, das mit uns nach Mexiko gekommen war. Sie wollte erleben, wie es in der Missionsarbeit ist. Wir waren also zu viert und ich hatte kein Geld. Also tat ich, was alle guten Missionare tun – ich ging mit einer religiösen Haltung zum Briefkasten.

Zu dieser Zeit glaubten wir, so wie alle Missionare, dass Gott in einem Briefkasten lebt. Wir glaubten, dass Menschen in den Vereinigten Staaten uns Geld per Post schicken würden, sobald Gott zu ihnen gesprochen hatte. Gott hat uns inzwischen gezeigt, dass Er nicht in einem Briefkasten lebt. Er kann unsere Bedürfnisse innerhalb und außerhalb des Landes erfüllen. Er hat uns sogar mit allem versorgt, wenn ich gar keinen Briefkasten hatte.

Gott kennt deine Adresse.

Wie kann es sein, dass Gott Mose da draußen in der Wüste gefunden hat? Er hatte weder eine Adresse noch einen Briefkasten. Dennoch hat Gott ihn gefunden.

Gott fand Elia, als er an einem Bach saß.

Er fand die Kinder Israel, als sie in der Wüste waren.

Manche Menschen glauben, Gott hätte ihre Adresse verloren, aber Gott weiß immer, wo wir sind. Um mit Ihm in Verbindung zu bleiben, musst du zuerst Folgendes tun: Setze deinen Glauben frei und achte nicht auf deine Bedürfnisse. Gott wird auf deinen Glauben eingehen.

Ich ging mit einer religiösen Haltung zum Briefkasten, aber da war nichts.

Es war Dienstag, als Gott mich aufforderte, nach Guadalajara zu fahren, also sagte ich: „Wenn Du möchtest, dass ich diese Woche gehe, werde ich am Freitag aufbrechen." (Ich gab mir so viel Zeit wie möglich, um das Geld zu bekommen.)

In Mexiko führen alle Straßen nach Mexiko City. Um nach Guadalajara zu kommen, musste man zuerst mit dem Bus etwa 400 km nach Mexiko City fahren. Mit dem Flugzeug dauert es nur fünfundvierzig Minuten, aber mit dem Bus sind es dreizehn Stunden. Mein Geld reichte, um Bustickets nach Mexiko City zu kaufen, und dann waren noch $ 8 übrig.

Ich ging weiterhin zum Briefkasten – nichts! Freitag kam – nichts! Glaube erfordert Taten, also packten wir unsere Koffer und taten alles, was wir konnten. Dann tat ich etwas, was ich heute nicht mehr tue: Ich geriet in den Sog der Umstände.

Ich sagte zu Jackie: „Das Einzige, was ich tun kann, ist, meinen Glauben hochzuhalten. Ich werde in die Stadt gehen, um Bustickets nach Mexiko City zu kaufen. Dann muss Gott ein Wunder tun. Wir werden nur $ 8 übrighaben, damit kommen wir nicht von Mexiko City nach Guadalajara – weder mit einem Esel noch mit einem Bus oder auf irgendeine andere Weise."

Um von dem Ort, an dem wir lebten, in die Stadt zu kommen, musste man einen Hügel hinauf und eineinhalb Kilometer durch ein Kornfeld laufen, um zur Stadtbushaltestelle zu kommen. Als ich mich durch das heiße Kornfeld schleppte, feierte ich meine eigene Selbstmitleidsparty.

Die mexikanischen Busse befördern Truthähne, Hühner und Ziegen genauso wie Menschen. Ich habe viele Kilometer mit Schweinen und Mastschweinen auf dem Boden eines Busses zurückgelegt. Manchmal war es so schlimm, dass ich auf der Stoßstange des Busses mitfuhr, mit den Fingern in der Regenrinne festgekrallt, nur um nicht im Bus sein zu müssen. Ich tat das nicht, weil ich arm war, sondern weil es die einzige Transportmöglichkeit war. In solchen Ländern ist es mit wenig Besitz noch besser in der Stadt zu leben. Ich sackte mit verschränkten Armen und hängendem Kopf auf dem Vordersitz des Busses zusammen und tat mir selbst leid. Dann sprach Gott zu mir und ich antwortete ihm laut. Ich habe keine Ahnung, was die anderen Menschen dachten, als ich da auf dem Vordersitz ins Leere sprach.

Gott sagte: „Weißt du nicht, dass Jesus zu allem Zugang hat, zu dem Ich Zugang habe? Weißt du nicht, dass Er jederzeit alles haben kann, was Ich habe?"

„Ja, Herr."

„Weißt du nicht, dass du ein Erbe und Miterbe mit Ihm bist?"

„Ja, Herr."

„Dann verhalte dich so. Wenn du Geld bräuchtest, würde dein weltlicher Vater es dir geben?"

„Ja, Herr."

„Wenn du wirklich in der Klemme wärst und es bräuchtest, würde ein Freund es dir geben?"

„Wahrscheinlich."

„Denkst du nicht, dass Ich besser bin als sie?"

Gott hatte meine Mitleidsparty zum Platzen gebracht!

Ich setzte mich für den Rest der Fahrt aufrecht in meinen Sitz. Ich ging im Busbahnhof zum Schalter, stellte mich an, nahm mein Geld heraus und kaufte unsere Tickets nach Mexiko City. Ich steckte die $ 8 Wechselgeld in meine Tasche und fuhr nach Hause.

Als ich durch das Maisfeld zurückging, lief ich wie auf Wolken. Ich hatte kein Geld und ich hatte keine Tickets nach Guadalajara. Aber ich brauchte kein Geld. Ich hatte Gottes Wort! Gott würde sich darum kümmern, dass wir nach Guadalajara kamen. Mein Gott bestätigt Sein Wort!

Als ich nach Hause kam, war ich so aufgeregt und strahlend, dass Jackie dachte, ich wäre beim Briefkasten gewesen und hätte Geld aus den Vereinigten Staaten erhalten.

Ich sagte: „Nein, ich habe etwas Besseres als Geld. Ich habe Gottes Wort! Gott sagt, wir haben es und ich werde nicht mit Ihm streiten."

Als wir in den Bus einstiegen, war es ungefähr neun Uhr abends. Wir dachten fälschlicherweise, dass wir schlafen könnten. Laut einem Reiseführer gibt es 1.100 Kurven innerhalb einer Stunde auf der Straße. Das glaube ich sofort! Wir kamen in Mexiko City um acht Uhr morgens an, ohne unterwegs geschlafen zu haben.

Jackie sagte: „Nun sind wir also in Mexiko City. Was machen wir jetzt mit nur $ 8 in der Tasche?"

„Das Einzige, was mir einfällt, ist mit dem Taxi zu der anderen Busstation zu fahren und uns für unsere anderen Tickets in die Schlange zu stellen."

Jackie, die unseren Sohn erwartete, sagte: „Ich bin so müde. Es war eine dreizehnstündige Busfahrt mit Dieselabgasen, die bei jeder Kurve durch die Fenster reinkamen. Können wir nicht zu

Wayne und Martha Myers fahren und uns dort ein bisschen ausruhen?"

Wir hatten Wayne und Martha erst vor kurzem getroffen und kannten sie kaum, aber sie hatten uns eingeladen vorbeizukommen und die Nacht auf dem Weg nach Guadalajara bei ihnen zu verbringen. Ich hatte beschlossen, das nicht zu tun, und weder Jackie noch ich hatten irgendetwas über unsere Bedürfnisse erzählt.

Aber ich antwortete: „Gut, lass uns zu ihrem Haus fahren. Du kannst dich ein bisschen ausruhen – dann fahren wir wieder."

Als wir bei den Myers ankamen, legte Jackie sich sofort ins Bett.

Nach ein paar Minuten kam Wayne herein und fragte: „Ihr bleibt über Nacht hier, oder?"

„Nein."

„Nun, was habt ihr vor?"

„Wir nehmen den Bus nach Guadalajara", sagte ich.

„Wir fahren diese Woche nach Guadalajara, nehmen aber den Zug. Ihr solltet das auch lieber machen, statt den Bus zu nehmen. Es ist ein Salonwagen. Man kann einen eigenen Schlafwagen haben und ist nicht so eingeengt wie im Bus. Im Zug kann man auch in den Speisewagen gehen. Es ist alles sehr angenehm. Das solltet ihr auch machen."

„Gelobt sei Gott, ich glaube, das werde ich tun", sagte ich, als ich da mit meinen $ 8 in der Tasche saß.

Daraufhin sagte Wayne: „Ich werde meine Tickets jetzt holen. Wie wäre es, wenn du deine auch gleich besorgst?"

Ich antwortete: „In Ordnung, das mache ich."

Als ich raus zu Waynes Wagen ging, schrie mich mein Verstand an, der Teufel schrie mich an, aber mein Geist sagte mir: „Mein Gott aber wird all meinem Mangel abhelfen nach Seinem Reichtum in Herrlichkeit in Christus Jesus."

Mein Verstand schrie lauter und lauter, während wir durch Mexiko City fuhren und dem Bahnhof immer näherkamen.

Wayne sagte: „Weißt du, es wäre ein ziemliches Wunder, wenn du noch Tickets bekommen würdest."

Ich dachte: „Bruder, das wird ein größeres Wunder, als du denkst!"

Wayne erklärte: „Ich musste meine Tickets Wochen im Voraus bestellen. Du möchtest deine nur Stunden im Voraus, also wird es ein Wunder sein."

„Das ist schon in Ordnung. Gott ist auf Wunder spezialisiert. Wir werden sie bekommen."

Wayne wusste nicht, dass ich kein Geld für die Tickets hatte. Ich habe ihnen erst zwei oder drei Jahre später erzählt, was an diesem Abend wirklich geschehen ist.

Als wir einparkten, sagte Wayne: „Gott hat mir gerade gesagt, dass ich dir $ 100 geben soll."

Ich sagte: „Nun, gepriesen sei der Herr!"

Als wir in das Bahnhofsgebäude gingen, dachte ich: „Ich muss die Tickets trotzdem bezahlen, er hat mir das Geld noch nicht gegeben."

Wayne, der fließend Spanisch spricht, ging zum Schalter und sagte: „Ich bestelle die Tickets."

Er bestellte die Tickets und ich fasste in meine Tasche.

Da sagte er: „Ich bezahle. Du kannst es mir gleich zurückzahlen."

Ich sagte: „In Ordnung."

Er war begeistert, weil wir die Tickets so schnell bekamen, aber ich war noch begeisterter! Wir fuhren zurück zum Haus, und beim Hineingehen sagte Wayne zu Martha: „Gott hat mir nicht nur gesagt, ihnen hundert Dollar zu geben, sondern auch noch ihre Zugtickets zu kaufen."

Wayne gab uns die Zugtickets und die 100 Dollar und fuhr uns zum Bahnhof. Als wir in Guadalajara ankamen, hatten wir 108 Dollar in der Tasche! Das Wort Gottes funktioniert!

Wir kannten niemanden in der Stadt und hatten keine Bleibe. Die 108 Dollar waren schnell für die Hotelrechnung verbraucht. Und ich hatte keinen Briefkasten in Guadalajara. Dennoch hat Gott uns auf wundersame Weise mit einem Haus und Nahrung versorgt. Es war herrlich und aufregend!

## GOTT HANDELT IM ÜBERNATÜRLICHEN

Würde man die Wunder aus der Bibel herausnehmen, würde nicht viel übrigbleiben.

Würde man die Wunder heute aus der Gemeinde herausnehmen, würde man nicht mehr viel übrig haben.

Siehe, ich sende einen Engel vor dir her, damit er dich behüte auf dem Weg und dich an den Ort bringe, den ich bereitet habe.

(2. Mose 23,20 SLT)

Gott bestätigt Sein Wort mit Zeichen und Wundern.

Einmal sagte ich beim Beten: „Gott, wie kommt es, dass die Dinge, die so real für mich und meine Familie sind, den Menschen, denen ich diene, nicht so real erscheinen, wenn ich ihnen davon erzähle?"

Gott gab mir folgende Antwort: „Für dich ist es real, weil du Mein Wort täglich gebrauchen musst, sonst gehst du unter."

Wenn ich meinen Glauben nicht gebrauche, habe ich nichts zu essen – und ich esse gerne! Es kommt dann kein Gehaltsscheck rein und wenn ich meinen Glauben nicht gebrauche, haben meine Kinder nichts zu essen.

Wenn ich meinen Glauben nicht gebrauche, können wir unsere Miete nicht zahlen.

Wenn ich meinen Glauben nicht gebrauche, haben wir kein Auto zum Fahren oder können kein Benzin tanken. Darum ist es so real für uns!

Der Begriff „Leben aus dem Glauben" wird sehr missbraucht. Häufig sagen die Menschen „Oh, das tut mir aber leid", wenn man ihnen erzählt, dass man aus Glauben lebt. Für sie entspricht dies oder bedeutet es Armut. Ich kann nur sagen: Das Leben aus dem Glauben ist das Großartigste, was ich je getan habe.

Ich liebe das Wort Gottes. Ich habe kein größeres Verlangen, als ein Missionar zu sein. Ich habe kein größeres Verlangen, als meine Kinder das Evangelium auf der ganzen Welt verkünden zu sehen, lebendiges Brot sterbenden Menschen zu geben.

Manchmal planen wir das Leben unserer Kinder so genau, dass wir wissen, welches College sie besuchen sollen, was sie nach dem College tun und wen sie heiraten werden. Wir müssen unsere Kinder freigeben und Gott etwas mit ihnen tun lassen!

KAPITEL 9

# Drei Konzepte, nach denen Menschen leben

Es gibt drei Konzepte, nach denen Menschen leben können. Jesus verdeutlichte sie in der Geschichte vom Barmherzigen Samariter. Du kennst sie wahrscheinlich schon von Kindheit an.

**Es ging ein Mensch von Jerusalem nach Jericho hinab und fiel unter die Räuber; die zogen ihn aus und schlugen ihn und liefen davon und ließen ihn halb tot liegen, so wie er war. Es traf sich aber, dass ein Priester dieselbe Straße hinabzog; und als er ihn sah, ging er auf der anderen Seite vorüber. Ebenso kam auch ein Levit, der in der Gegend war, sah ihn und ging auf der anderen Seite vorüber. Ein Samariter aber kam auf seiner Reise in seine Nähe, und als er ihn sah, hatte er Erbarmen; und er ging zu ihm hin, verband ihm die Wunden und goss Öl und Wein darauf, hob ihn auf sein eigenes Tier, führte ihn in eine Herberge und pflegte ihn. Und am anderen Tag, als er fortzog, gab er dem Wirt zwei Denare und sprach zu ihm: Verpflege ihn! Und was du mehr aufwendest, will ich dir bezahlen, wenn ich wiederkomme. Welcher von diesen dreien ist deiner Meinung**

**nach nun der Nächste dessen gewesen, der unter die Räuber gefallen ist? Er sprach: Der, welcher die Barmherzigkeit an ihm geübt hat! Da sprach Jesus zu ihm: So geh du hin und handle ebenso!**

**— Lukas 10, 30–37 (SLT)**

## Konzept Nr. 1: Was Dein ist, ist Mein, und ich werde es dir wegnehmen, wenn ich kann

Als dieser Mann nach Jericho hinab ging, griffen Diebe ihn an. Sie rissen ihm die Kleider vom Leib, verletzten ihn und verließen ihn nackt und halbtot. Sie nahmen alles, was er hatte, und ließen ihn dort liegen. Ihr Konzept oder ihre Lebensphilosophie war: „Was dir gehört, gehört mir, und ich werde es auf irgendeine mir mögliche Art bekommen."

## Konzept Nr. 2: Was Mein ist, ist Mein

Jesus sagt dann, dass zwei religiöse Menschen vorbeikamen. Diese Menschen waren offensichtlich nicht geistlich, nur religiös. Einer war ein Priester, der andere ein Levit. Sie kamen zu unterschiedlichen Zeiten vorbei, aber beide sahen hinüber und den Mann dort liegen. In jener Zeit trug jeder einen Erste–Hilfe–Kasten bei sich – mit Öl, Wein und Verbänden – da sie alle lange Strecken zurücklegten.

Vielleicht dachten die beiden religiösen Männer, dass die Diebe, die den Mann ausgeraubt und geschlagen hatten, noch in der Nähe sein könnten; und wenn sie anhielten, um dem Mann zu helfen, könnten die Diebe aus ihrem Versteck kommen und ihnen dasselbe antun. Was auch immer ihre Gedanken waren, sie entschieden sich, ihre Güter für sich zu behalten. Sie wechselten die Straßenseite und gingen ihres Weges.

Ihr Konzept oder ihre Lebensphilosophie war: „Was Mein ist, ist Mein, und ich werde es behalten, wenn ich kann. Was mir gehört, ist Mein, also lass deine Hände davon!"

Viele Christen leben heute so.

## Konzept Nr. 3: Was Mein ist, ist Dein, und du kannst es haben, wenn du es brauchst

Später kam ein Samariter vorbei. Jesus benutzte einen Samariter als Beispiel, weil er eine nicht akzeptable Person war. Die Juden hassten die Samariter als „Halbblütler". Sie nannten sie „Bastarde". Die Situation war ähnlich wie die der Weißen und Schwarzen nach dem amerikanischen Bürgerkrieg. Der Samariter kam nicht aus Israel und war ein Außenseiter, deshalb verwendete Jesus ihn als Beispiel dafür, wer der Nächste wirklich ist. Da war dieser Mann, der Mitleid mit einem Menschen einer Rasse zeigte, die ihn verachtete.

Jesus sagte, dass der Samariter sofort hinüberging und sich um den Mann kümmerte, als er vorbeikam und ihn dort liegen sah. Wenn wir uns den Samariter in unserem heutigen Alltag vorstellen, hätte er den verletzten Mann in sein Auto getragen oder ein Taxi angehalten, und den Mann zu einem nahen Motel oder Krankenhaus gebracht.

Er hätte seine Kreditkarte gezückt und gesagt: „Hier, bitte, setzen Sie es einfach auf meine Rechnung. Was immer der Mann braucht, lassen Sie ihn die Quittung unterschreiben. Ich werde mich darum kümmern. Egal, wieviel er ausgibt oder was er tut, ich werde es bezahlen."

Der Gute Samariter kannte den Mann nicht, aber sein Konzept oder seine Lebensphilosophie war: „Was ich habe, ist Dein. Du kannst es haben, wenn du es brauchst oder willst."

Jesus hat dieses Beispiel gewählt – die zu lieben, die einen verachten. Die meisten Christen leben zwar nicht nach dem Konzept der Diebe: „Was Dein ist, ist Mein, und ich werde es dir wegnehmen, wenn ich kann." Dennoch scheint es, dass viele die Haltung der beiden religiösen Männer einnehmen: „Was Mein ist, ist Mein." Und sie haben das Gefühl, dass bestimmte Menschen gemieden werden müssen. Ein Obdachloser an der Straßenseite könnte den „Christen" verunreinigen.

Sie sind nicht wie die Diebe, die tatsächlich mit Gewalt den Menschen Dinge wegnehmen, aber sie sitzen auf ihren eigenen Besitztümern und sagen: „Nimm deine Hände weg! Das gehört mir." Und sie halten sich fern von bestimmten Gruppen der Bedürftigen.

Jesus möchte, dass wir wie der Samariter sind. Er möchte, dass wir in der Wesensart Gottes leben und wandeln – Ausschau danach zu halten, wo wir geben und helfen können. Die Liebe treibt uns an, zu geben. Denn so [sehr] hat Gott die Welt geliebt, dass er seinen eingeborenen Sohn gab, damit jeder, der an ihn glaubt, nicht verlorengeht, sondern ewiges Leben hat (Johannes 3, 16 SLT). Er liebte die Welt so sehr, dass Er gab, ohne Ansehen der Person. Die Liebe treibt uns an, zu teilen.

Gott sagt: „Was Mein ist, ist Dein, und du kannst es haben, wenn du es willst oder weil du es brauchst."

So sollten wir mit Gott und unseren Nächsten leben.

Wir sollten zu Gott sagen: „Was immer ich habe, Du hast es zuerst für mich bereitgestellt. Es gehört Dir, also lass mich jederzeit wissen, wenn Du es brauchst oder haben möchtest. Ich bin nur ein Verwalter, der sich darum kümmert."

Ein Verwalter ist jemand, der sich um anderer Leute Geld oder Besitz kümmert. Wir müssen gute Verwalter werden für das, was Gott uns gibt. Gott ist ein guter Gott. Unser Vater möchte, dass wir Dinge haben, aber nicht, dass die Dinge uns haben. Wir können Diamantringe, Pelzmäntel, neue Häuser, Angel- und Jagdausrüstung, Flugzeuge oder irgendetwas besitzen, solange diese Dinge nicht uns besitzen.

Wir müssen immer im Kopf behalten, dass wir nicht Eigentümer unserer Sachen sind, sondern Verwalter. Wenn Gott sagt: „Lass sie los", müssen wir loslassen.

KAPITEL 10

# Vom „Geben, um zu leben" zum „Leben, um zu geben"

Da ich als Christ erzogen worden war, wusste ich, was das Wort Gottes über das Geben und Zehntengeben sagt. Ich war immer ein treuer Geber. Immer, wenn ich Geld hatte, ging der Zehnte in die Kollekte, denn er gehört Gott.

Für Jackie war das anders. Da sie immer nur an Weihnachten und Ostern in die Kirche gegangen war, musste sie nicht so viel Lehre „verlernen" wie viele andere. Manche Menschen gehen ihr ganzes Leben in die Kirche, dann werden sie vom Heiligen Geist erfüllt und müssen die ganze „Religion", die sie gelernt haben, wieder verlernen.

Ich glaube, deshalb hat Jackie die Glaubensbotschaft so schnell begriffen. Sie glaubte das, was das Wort Gottes sagte, ohne es durch Lehre und Traditionen zu filtern. Bevor Jackie vom Geben und dem Zehnten des Herrn erfuhr, ließ sie mich die Taschen ausleeren, bevor wir zu einem Treffen gingen.

Dann gab sie mir zwei oder drei Dollar für die Kollekte mit den Worten: „Du gehst hin und gibst alles, was wir haben!"

Ich wusste, dass das Wort Gottes funktionierte, also zeigte ich es ihr in der Bibel. Sobald sie es sah und annahm, rief sie: „Ja, ich verstehe es!“

Also begannen wir zu geben. Wir stellten fest, dass wir Gott geben konnten und unsere Bedürfnisse erfüllt wurden. Eines der besten Bücher, das ich je gelesen habe, ist „Das Wunder des Saatglaubens“ von Oral Roberts. Es hat mich deshalb so begeistert, weil es in Übereinstimmung mit Gottes Wort ist.

Wir fingen an, „Samen zu pflanzen“ und noch mehr „Samen zu pflanzen“! (Oral Roberts hat diesen Ausdruck berühmt gemacht!) Wir begriffen, dass wir geben konnten, um zu leben. Wenn dir eine Not ins Gesicht springt – eine unbezahlte Rechnung oder ein Problem – kannst du Gott geben – einen Samen in das Erntefeld pflanzen – und er wird wachsen. Dann wirst du mehr bekommen, als du gegeben hast. Das Gesetz der Ernte ist ein geistliches Prinzip Gottes. Deshalb funktioniert es in allen Bereichen, von der Pflanzung eines Gartens bis hin zur Pflanzung von Finanzen.

Ein Bauer sät Getreide in die Erde, wissend, dass er mehr Getreide ernten wird, als er gesät (gepflanzt) hat. Würde er nur ein Getreidekorn säen und nur ein Getreidekorn ernten, würde er seine Zeit verschwenden. Er weiß, dass er mehr ernten wird, als er gesät hat, weil es ein Naturgesetz ist. Freilich funktioniert das Naturgesetz, weil es auf einem geistlichen Prinzip basiert.

Wenn Jackie und ich etwas brauchten, gaben wir und Gott segnete uns. Wir bezahlten, was wir brauchten, und lebten. Wir gaben, um zu leben.

## Leben, um zu geben

Nachdem wir Wayne und Martha Myers getroffen hatten, schalteten wir in einen höheren Gang und rückten auf eine neue Ebene. Wir verließen das „Geben, um zu leben“ und kamen zum „Leben, um zu geben“. Wayne und Martha waren so ein Segen für uns. Die Botschaft vom „Leben, um zu geben“ und viele andere Dinge in diesem Buch, lernte ich von ihnen.

„Leben, um zu geben“ bedeutet, nach einer Gelegenheit zu suchen, sich finanziell zu beteiligen und in das Evangelium zu investieren. Vor einigen Jahren sah ich, wie Wayne aufstand und versprach, $10.000 an eine bestimmte Organisation zu spenden. Er bezahlte es innerhalb eines Jahres ab – er ist ein Glaubensmissionar! Er lebt aus dem Glauben, nicht von einer festen Einkommensunterstützung.

Im nächsten Jahr stand er auf und sagte: „Ich werde $ 25.000 spenden.“

Sie gaben ihm zwei Jahre Zeit, aber er hielt sein Versprechen und bezahlte in einem Jahr ab!

Im dritten Jahr stand er da und sagte: „Ich werde $ 100.000 spenden.“

Können Sie sich einen Glaubensmissionar vorstellen, der in Mexiko lebt und $ 100.000 spendet? Er kann sich nur auf Gott verlassen.

Als wir Wayne und Martha Myers kennenlernten, erblickten wir zwei Menschen, die lebten, um zu geben. Sie suchen nach Orten, wo sie in das Evangelium investieren können. Sie suchen überall auf der Welt nach Möglichkeiten, sich für das Evangelium zu engagieren.

Einmal saßen Jackie und ich auf der Bühne, als Wayne am „Christus-für-alle-Nationen-Institut“ in Dallas, Texas diente.

Wayne sagte: „Einer dieser Menschen auf der Bühne braucht ein Auto.“

An diesem Nachmittag ging ich zu Wayne und fragte: „Bruder so-und-so ist der, der ein Auto braucht, richtig?“

Wayne antwortete: „Es hat sich schon erledigt. Mach dir keine Gedanken darüber.“

„Was hast du getan – ihm dein Auto gegeben?“

„Ja“, sagte er.

Wayne lebt, um zu geben. Obwohl er einiges zu erledigen hatte und an Orte fahren musste, gab er das einzige Fahrzeug, das er hatte. Er hatte es bekommen, dann gab er es weg.

Jackie und ich haben Autos weggegeben. Ich werde nie vergessen, wie es die Menschen verrückt machte, als wir anfingen, nach diesem Prinzip zu handeln. Dasselbe passiert, wenn man sich ernsthaft entscheidet, nicht mehr krank zu sein: Alle deine „Kirchenfreunde“ ärgern sich über dich.

Ein Pastor sagte: „Terry glaubt, dass man sagen kann: ‚Gib mir, gib mir, gib mir‘, und Gott gibt dir einen Cadillac! So funktioniert das nicht.“

Aber das nächste Mal, als ich in die Stadt kam, fuhr ich einen Cadillac! Jemand hatte ihn mir geschenkt. Dann gaben wir ihn weg und die Menschen konnten es nicht fassen. Sie fragten mich, warum ich das Auto nicht verkauft hätte, um das Geld für einen Missionseinsatz zu nutzen.

Ich antwortete: „Ich lebe nicht nach dem Gesetz von Kaufen und Verkaufen. Ich lebe nach dem Gesetz von Geben und Empfangen.

Wenn ich einen Cadillac verkaufe, kann ich ein paar tausend Dollar bekommen; aber, wenn ich ihn weggebe, bekomme ich es hundertfach zurück!“

Menschen lieben es, Geld zu machen. Und der beste Weg, um das zu erreichen, ist meiner Meinung nach, in das Evangelium zu investieren.

In 2. Korinther 4,18 sagt Paulus:

Da wir nicht auf das Sichtbare sehen, sondern auf das Unsichtbare; denn was sichtbar ist, das ist zeitlich; was aber unsichtbar ist, das ist ewig.

Das hört sich an wie doppeldeutiges Gerede, ist es aber nicht. Lasst es mich auf modernes Deutsch übertragen und zeigen, was Paulus wirklich gesagt hat:

„Sieh nicht die Dinge an, die du mit deinen natürlichen Augen sehen kannst, denn diese Dinge sind vorübergehend. Sie bleiben nicht bestehen. Sie werden verfallen und vergehen.“

## Gottes Wort ist ewig

Der Stuhl in deinem Haus wird nicht bestehen bleiben, er ist vergänglich. Die Kleidung, die du trägst, wird nicht ewig halten, sie wird verrotten. Das Auto, das du fährst, ist möglicherweise nagelneu und du hast vielleicht 20.000 Dollar dafür bezahlt, aber schau es dir in zwei Jahren an. Es wird anfangen zu verfallen, besonders wenn du an der Golfküste lebst. In Houston und Corpus Christi, Texas besitzen Menschen brandneue Autos, die schon angefangen haben zu rosten.

Diese Dinge sind befristet. Sie werden nicht fortbestehen. Sie werden vergehen. Dein Körper wird nicht bestehen bleiben; er wird sterben – es sei denn, Jesus kommt vorher. Alles, was wir sehen, schmecken, berühren, riechen oder hören können, ist nur von kurzer Dauer.

Unser ganzes Leben lang wurden wir gelehrt, dass unsere fünf körperlichen Sinne die Realität sind. Nein! Das Wort Gottes ist die Realität. Du wirst herausfinden, dass die fünf körperlichen Sinne und das Wort Gottes von vorneherein nicht übereinstimmen. Sobald ich anfange, etwas für Gott zu tun, komme ich in einen Kampf: Auf der einen Seite stehen die fünf körperlichen Sinne, auf der anderen das Wort Gottes.

Die beiden Seiten stimmen nie überein. Manche Dinge im Wort Gottes klingen nicht richtig, riechen nicht richtig, fühlen sich nicht richtig an, sehen nicht richtig aus und schmecken nicht richtig. Dennoch sagt das Wort Gottes, dass sie richtig sind. Ich habe festgestellt, dass meine Sinne sich verändern, wenn ich im Wort Gottes wandle. Plötzlich sieht das, was das Wort Gottes sagt, richtig aus, es riecht und schmeckt und klingt richtig, und es fühlt sich richtig an.

Wenn wir nach Großmutters Art und Weise handeln oder wie es die Tradition lehrt oder wie es in der frühen Gemeinde gemacht wurde, funktioniert es nie. Die fünf körperlichen Sinne sind nicht die Realität. Die natürliche „Wirklichkeit" ist vorübergehend und wird vergehen.

Das Wort Gottes ist die Realität. Wir müssen dementsprechend handeln, anstatt danach zu gehen, wie sich etwas anfühlt oder wie es aussieht, schmeckt, riecht oder klingt.

Paulus sagte: „Schau auf die Dinge, die du mit deinen natürlichen Augen nicht sehen kannst, denn diese Dinge sind ewig. Nur das, was du für Gott tust, wird bestehen." (2. Korinther 4,18)

Mir ist wichtig, dass du verstehst, dass nichts, was du in dieser Welt hast, bestehen wird, sondern zu Müll werden wird. Wenn es sich nicht auf die Ewigkeit bezieht, ist es Müll. Noch einmal, ich sage nicht, dass du in Armut leben musst. Ich glaube das nicht und ich lebe nicht so. Ich predige das Wohlstandsevangelium an Orten, wo Menschen mir sagen, dass es nicht funktionieren wird. Ich predige es in Mexiko, in Honduras und in Guatemala, und ich sehe, wie Menschen Erfolg haben, auch wenn es im Natürlichen nicht möglich ist. Sie sind erfolgreich, weil sie das Wort Gottes empfangen haben.

Einige Missionare machten mir einst Probleme, weil ich das Wohlstandsevangelium predigte.

Sie sagten: „Predige das nicht, Bruder Terry. Das funktioniert hier unten nicht. Die Menschen hier wissen nicht, dass sie arm sind, bis man es ihnen sagt. Sie wissen nicht, dass es eine bessere Art gibt, bis man es ihnen sagt. Du wirst sie nur unglücklich machen, da es keine Möglichkeit für sie gibt, Wohlstand zu haben."

Immer wieder sagten die Missionare: „Es wird nicht funktionieren. Es wird nicht funktionieren!"

Aber ich predigte weiterhin Folgendes:

In Lukas 6,38 sagt Jesus: Gebt, so wird euch gegeben. Ein volles, gedrücktes, gerütteltes und überfließendes Maß wird man in euren Schoß legen (LUT). Gott wird dich segnen. Was du um des Evangeliums willen gibst, wird dir zurückgegeben werden und noch viel mehr, in diesem und im Leben, das kommt.

Der Herr ist dein Hirte; dir wird nichts mangeln, noch wirst du etwas vermissen. Er wird all deinen Mangel ausfüllen nach Seinem Reichtum in Herrlichkeit in Jesus Christus. Was du ersehnst, kannst du haben.

## Die Familie, die Seinem Wort gemäss handelte

Als wir in Guadalajara lebten, lud mich eine Familie ein, zweimal in der Woche Gebetstreffen in ihrem Haus abzuhalten. Jeden Dienstag und Donnerstag ging ich zu ihrem winzigen Haus. Es bestand aus einem großen Raum. Es hatte Erdwände und in der Mitte des Raumes stand ein Tisch, den sie hinaustrugen, um mehr Platz zu haben. Die kleine Lehmhütte war vollgestopft mit 70 Menschen! Menschen von einer Wand zur anderen!

Mit meinem Rücken lehnte ich an der Wand und meine Bibel hielt ich an meiner Brust. In diesem kleinen Quartier predigte ich das Wort und Gott zog ein in die Vororte von Guadalajara; die Blinden wurden sehend, die Tauben hörend, Wunder ereigneten sich.

Die Familie, die mich in ihr Haus einlud, war arm, aber sie luden mich ein, mit ihnen zu essen.

Ich sagte: „Nein, ich würde lieber zu Hause mit meiner Familie essen."

Aber sie bestanden darauf: „Nein, das lassen wir nicht gelten. Du wirst jeden Dienstag und Donnerstag mit uns essen."

Also trugen sie jeden Dienstag und Donnerstag, nachdem die Leute nach Hause gegangen waren, den Tisch zurück ins Haus und die Frau kochte das Abendessen. Es war meist Mitternacht, wenn wir uns zum Essen hinsetzten.

Mexiko ist der einzige Ort der Erde, an dem man seinen „Löffel" nach dem Essen aufisst. Man muss geschickt sein, um ein Spiegelei mit Hilfe einer Tortilla zu essen. Am Anfang rann Bohnensauce meine Ellbogen herunter. Mittlerweile kann ich ganz hervorragend Bohnen und Eier auf einer Tortilla essen!

Paulus sagte, dass er in Erweisung des Geistes und der Kraft kam. (1. Korinther 2, 1–4). Ich habe das immer geglaubt.

Wenn man es in einer Kampagne mit Tausenden von Menschen zu tun hat, muss es eine Erweisung des Heiligen Geistes am ersten Abend geben, sonst kommen die Menschen am zweiten Abend nicht wieder. Sie wollen Wunder sehen; Gott muss etwas tun – und das tut Er auch!

Eines Abends brachte ich mehrere Menschen zum Gebetstreffen mit. Sie wollten die Kraft Gottes und die Erweisung des Heiligen Geistes sehen. Als wir nach dem Gottesdienst aßen, brach die Frau des Hauses zusammen und begann zu schluchzen. Wir saßen einfach da und warteten, dass sie uns ihr Problem erzählte.

Schließlich gewann sie ihre Beherrschung wieder und sagte: „Bruder Terry, fünf Jahre lang hatten wir nicht genug Essen, um uns alle zu ernähren. Ich sah meine Kinder hungrig zu Bett gehen. Das brach mir als Mutter das Herz. Fünf Jahre lang hatte mein Mann nur ein Paar Hosen. Ich habe diese Hosen so lange genäht, bis sie nur noch von dem neuen Faden zusammengehalten wurden.

Aber seitdem du in unser Haus kommst und uns das Wort Gottes lehrst, haben sich die Dinge verändert. Du hast uns gelehrt zu geben. Selbst wenn wir nichts zu geben hatten, gaben wir ein Lächeln, dann einen Centavo, dann einen Peso, dann etwas anderes. Wir begannen einfach zu geben.

Seit diesem Tag sind meine Kinder nicht mehr hungrig ins Bett gegangen – kein einziges Mal! Wir haben regelmäßige Mahlzeiten. Darüber hinaus verköstige ich dich jeden Dienstag und Donnerstag, genauso wie jeden anderen, den du zu uns bringst, und wir können sogar jemanden Cola besorgen lassen (ein großer Luxus in Mexiko!).

Mein Mann hat jetzt fünf neue Hosen und an seiner Arbeitsstelle haben sie ihn in eine leitende Position versetzt!"

Diese Menschen haben angefangen zu geben und auf diese Weise konnte Gott sie segnen. Erst als sie den Samen freigaben und säten, konnte Er Einkünfte in ihre Hände geben. In dieser Nacht weinte ich auf dem ganzen Heimweg.

Ich rief aus: „Gott, es funktioniert! Es funktioniert! Es funktioniert sogar in Mexiko!"

Ich vergaß die Kritik, die ich von den anderen Missionaren bekommen hatte, die sagten, dass das „Prinzip von Saat und Ernte" in Mexiko nicht funktionieren würde. Gott sei Dank, es funktioniert! Wenn es in Mexiko nicht funktionieren würde, würde es nirgendwo funktionieren.

Geben funktioniert. Von Zeit zu Zeit gehe ich durch mein Haus, sehe mich um und sage: „Könnte ich dies geben? Oder sollte ich das loswerden? Ist da irgendetwas, das ich nicht ohne einen Stich im Herzen loswerden könnte?"

Wenn da irgendetwas sticht, ist es sofort weg! Ich weigere mich, irgendetwas zu besitzen, das zwischen mir und Gott steht. Ich weigere mich, irgendetwas zu besitzen, das meinem Herzen näher ist als Gott. Gott macht es nichts aus, wenn wir Dinge besitzen. Aber wir müssen darauf achten, dass sie nicht uns besitzen. Lege ein Schild mit der Aufschrift „Gib es weg" ins Handschuhfach deines Autos!

Ich verließ den Bereich des „Gebens, um zu leben" und kam zum Bereich des „Lebens, um zu geben" – und ich bin glücklich!

KAPITEL 11

# Gebrauche deinen Glauben

Während eines Gottesdienstes kam ein kleiner Junge zu mir herauf und sagte: „Bruder Terry, ich glaube, es würde mir im Herzen weh tun, mein Minibike wegzugeben, also muss ich es in den Dienst geben."

Ich setzte mich und sprach mit ihm, sagte ihm, dass er das nicht tun müsse. Willens zu sein, sein Rad wegzugeben, wenn Gott es verlangte, war genug.

Ein anderes Mal war ich in einer Kirche, um $ 22.000 Spendengelder für ein Gebäude zu sammeln, als eine Frau nach dem Gottesdienst zu mir kam und sagte: „Ich will $ 5000 geben."

Ich sagte: „Ich möchte deine Gefühle nicht ausnutzen. Ich bin nicht gekommen, um dir ein schlechtes Gewissen zu machen, dass du in Amerika lebst, zwei Autos besitzt, in einem schönen Haus lebst und Dinge tun kannst, die Menschen in anderen Ländern nicht tun können.

Ich möchte nicht, dass du über deinen Glauben hinausgehst. Wenn du einen $ 100–Glauben hast, glaube Gott nicht für $ 1000. Wenn du einen $ 1000–Glauben hast, spring nicht auf $ 5000 hinauf. Du musst deinen Glauben schrittweise einsetzen. Gib, was du hast und im Glauben ergreifen kannst. Nächstes Jahr wird es mehr sein und danach wieder mehr. Fang mit etwas an, das für dich vernünftig aussieht."

Da erklärte mir die Dame: „Ich weiß, wie man von Gott hört und wie man für Gott gibt. Ich habe es schon getan und es ist aufregend! Gott segnet mich! Ich gebe $ 5000."

Gott bewahre, dass ich je irgendwelche „Tricks" benutze, um Menschen dazu zu bringen, mehr und über ihren Glauben hinaus zu geben. Ich möchte einfach die reine Wahrheit aus Gottes Wort mitteilen, wie wir als Verwalter und Haushalter handeln sollen. Ich möchte, dass die Menschen aufwachen und begreifen, dass die Welt ohne Jesus Christus stirbt. Es gibt da die Welt, in der du lebst, und die Welt da draußen – und die Menschen in beiden Welten müssen von Jesus Christus erfahren.

## Lebensprinzipien

Ich sage es noch einmal: Alles, was wir haben, ist Müll, wenn es sich nicht auf die Ewigkeit bezieht.

Ich habe mein ganzes Leben lang Menschen beobachtet – grapschend, streitend, tretend, kratzend und beißend – nur um Dinge zu bekommen, die sechzig oder siebzig Jahre benutzt werden können. Wenn sie sie schließlich bekommen, sind sie vom Habenwollen viel zu erschöpft, um sie genießen zu können. Das Prinzip von Sünde und Tod hat die Kontrolle über ihren Körper übernommen. Ich sage nicht, dass man mit sechzig oder siebzig sterben muss, aber wenn man so handelt, wird man es. Man muss nach Gottes Wort handeln.

Wir müssen nach dem Prinzip der offenen Hand und des offenen Herzens leben. Lebe nicht nach dem Prinzip der geschlossenen Faust und des geschlossenen Herzens. Gott kann nichts in eine geschlossene Faust geben – nur in eine geöffnete Hand. Du musst geben. Du musst es aus dir herausfließen lassen.

Lebe nicht nach dem Prinzip von Rechen oder Gartenhacke. Sie reichen nur hinaus und ziehen es zu dir zurück. Lerne nach dem Prinzip der Schaufel zu leben – teile aus.

Ich habe gesehen, wie Wayne Myers mit einem Korb Getreide, einer Schaufel und einem Teelöffel in ein Auditorium gegangen ist. Er begann über Lukas 6, 38 zu predigen:

Gebt, so wird euch gegeben. Ein volles, gedrücktes, gerütteltes und überfließendes Maß wird man in euren Schoß legen.

Aber da gibt es einen Haken. Im letzten Teil des Verses heißt es:

Denn eben mit dem Maß, mit dem ihr messt, wird man euch zumessen. (LUT)

Jeder weiß, dass es verschiedene Hilfsmittel zum Messen gibt: Die meisten Frauen wissen, wie man mit Teelöffel, Esslöffel, Tasse und Liter misst.

Ich sah, wie Wayne mit dem Teelöffel etwas Getreide aus dem Korb herausholte und sagte: „Hier, bitte, Herr. Hier ist Dein Maß."

Dann zeigte er auf, wie wir in einer Zeit der Not, wenn die Zeit für unser Maß kommt, sagen: „Oh, Gott, ich muss unbedingt ein Wunder haben! Ich brauche dringend Geld."

Gott sagt: „Natürlich, mein Kind. Leih Mir deinen Teelöffel."

Wir sagen: „Oh, Gott, ein Teelöffel wird dieses Mal nicht reichen. Ich muss ein Wunder haben!"

Gott kann nicht Sein eigenes Prinzip, in dem es heißt: „Mit dem Maß, mit dem ihr messt, wird man euch zumessen“, verletzen. Deine Ernte wird ein bisschen größer sein als der Same, aber es ist dasselbe Maß. Wenn wir Gott ein bisschen von dem geben, was wir haben, gibt Er uns ein bisschen von dem, was Er hat. Wenn wir Gott alles geben, was wir haben, gibt Er uns alles, was Er hat.

Dann hörte ich Wayne sagen: „Wenn wir Gott jedoch mit der Schaufel geben, wird Gott uns Seinen Korb mit der Schaufel drin reichen und es auf uns zurückfließen lassen, wenn die Zeit für unseren Segen kommt.

Dann fragte er: „Wie viele von euch wollen Schaufeln voller Segen?“

Wenn Menschen den Fehler machten, ihre Hände zu heben, schüttete er schaufelweise Getreide über sie und es flog durch das ganze Auditorium! Die Menschen zupften das Getreide aus ihren Haaren und ihrer Kleidung, während sie eine sehr wirksame Demonstration sahen.

## Einfach überall geben

Viele Male bin ich nach Mexiko gekommen und habe gesagt: „Hier, Gott. Das ist alles.“

Dann gab ich am ersten Tag alles weg, was ich hatte, und sagte: „Jetzt habe ich kein Geld, aber ich weiß, ich werde nicht bankrott sein, denn ich arbeite für Dich. Ich habe Dir alles gegeben, was ich habe – das Maß ist 100% – und ich erwarte alles, was Du hast.“

Dann kam jemand an diesem Tag vorbei und gab mir Geld.

Am selben Abend kamen einige Missionare und ich leerte meine Taschen, während ich sagte: „Alles klar, Herr, ich habe alles gegeben."

Dann kam jemand vorbei und gab mir noch mehr Geld. Aber immer, wenn jemand Bedürftiges vorbeikam, machte ich dasselbe. Das konnte eine Woche lang täglich so weiter gehen! Ich gab Geld weg, dann kam jemand und gab mir Geld. Wir haben es einfach rundherum weitergegeben.

Dennoch mag ich den Ausdruck „ich gab jemandem etwas Geld" nicht.

Das gefällt mir besser: „Gott hat mir aufgetragen, das mit dir zu teilen."

Wenn du sagst: "Alles gehört Gott, und wir sind Seine Kinder – wir geben rundherum weiter –, dann bist du auf der gleichen Ebene im „Leben, um zu geben".

## Habenwollen und Begehren

Als wir es uns anfänglich vor Jahren zur Gewohnheit machten, nahm ich all unser Geld (es war damals nicht viel) und wechselte es in Eindollarscheine. Ich wusste, es würden sich viele Gelegenheiten zum Verteilen ergeben.

Dann gaben wir von Dollarscheinen bis hin zu größeren und besseren Dingen, aber unsere Methode haben wir nicht geändert. Wir verteilen immer noch alles, was uns möglich ist.

In einem besonderen Gottesdienst ließ der Mann, der die Predigt hielt, völlig berechtigt erkennen, dass er sich in einer Notsituation befand. Aber wir hatten schon alles gegeben, was wir hatten.

Wir hatten kein Geld übrig, das wir hätten geben können. Jackie, die neben mir stand, tippte mir auf die Schulter.

Sie sagte mit Tränen in den Augen: „Ich glaube, Gott sagte mir gerade, ich soll meinen Verlobungsring geben."

Es gab Zeiten, da haben Diamanten Jackie sehr gefallen. Die Diamanten hatten sie. Jetzt hat sie sie. Das ist ein Unterschied. Und natürlich war der Verlobungsring von großem ideellem Wert für sie. Es war ein Solitär, den ich 1967 für $ 400 oder $ 500 gekauft hatte und dessen Wert gestiegen ist.

Ich sagte: „Ist in Ordnung, gib ihn dem Missionar." Und sie wurde vom Begehren befreit. Jetzt kann sie alles besitzen, weil sie nichts zu besitzen braucht. Seit jener Zeit bekam sie viele Diamanten und hat sie weitergegeben. Immer noch kommen Diamanten zu ihr.

Vor nicht allzu langer Zeit gab mir eine Dame Diamanten im Wert von einigen Tausend Dollar mit den Worten: „Ich möchte sie für deine Frau geben."

Ich sagte: „Du möchtest, dass ich sie für die Mission verwende?" „Nein, ich möchte, dass du sie Jackie gibst." Ich sagte: „Ich kann sie verkaufen und das Geld in der Mission gebrauchen." „Nein", wiederholte sie, „ich möchte, dass sie Jackie gehören."

Ich fragte sie mehrmals, um sicherzugehen, dass jeder von uns verstand, was sie damit beabsichtigte. Ich wollte nicht, dass sie hinterher erzählt, sie habe mir Diamanten für den Dienst gegeben und ich hätte sie meiner Frau geschenkt.

Nicht jede Frau kann ihren Verlobungsring weggeben, aber Jackie tat es – und sie wurde freigesetzt! Manche Leute geben Land, Wohnmobile oder andere Sachen, als wenn es ein Fluch oder eine Plage für sie geworden wäre – und manchmal war es das. Jetzt leben sie, um zu geben – auf Ausschau nach Möglichkeiten, um ins Evangelium zu investieren.

### BEKOMMEN AUS GLAUBEN

Gott hat uns ein Auto nach dem anderen gegeben und wir haben sie weggegeben. Einmal sah ich einen Mann, der ein Motorrad hatte, und ich dachte mir: Das ist das schönste Motorrad, das ich in meinem Leben gesehen habe!

Ich sagte: „Ich denke, ich werde ein gebrauchtes suchen und es kaufen."

Jackie sagte: „Nun, du bist ein Mann des Glaubens! Warum praktizierst du nicht, was du predigst? Wenn du es haben willst, bekenne es mit deinem Mund und glaube es mit deinem Herzen. Bekomme es durch deinen Glauben."

Ich sagte: „In Ordnung. Ich denke, das sollte ich tun."

Also setzte ich meinen Glauben ein und sagte: „Gott, ich glaube, dass ich eine schwarz–goldene Yamaha 650 bekomme. Ich glaube, dass sie mir gehört und dass ich sie erhalten werde, im Namen Jesu. Danke!"

Ich erzähle nicht überall herum, was ich bekenne. Das bleibt zwischen Gott, meiner Familie und mir. Ich erzähle anderen nicht, was ich gern hätte und dass ich dafür meinen Glauben einsetze, weil manche Leute bei dieser Gelegenheit anderen vermitteln, was sie brauchen.

Ich sagte zu meinem kleinen Sohn: „Siehst du dieses Motorrad dort in der Garage? (Da war gar nichts im Natürlichen.) Es ist eine Yamaha 650, schwarz und gold – das Schönste, das du je gesehen hast! Es gehört mir. Ich habe es durch meinen Glauben bekommen. Ich glaube, dass ich es nach dem Gebet bekommen habe."

Drei Monate später kam ein Mann zu mir und sagte: „Komm zu meinem Haus."

Ich fuhr zu seinem Haus, das etwa 400 km entfernt war, und aß mit ihm zu Abend.

Als wir aßen, sagte er: „Gott hat mich ausgesucht, aus dir einen Yamaha-Fahrer zu machen."

Ich fragte: „Was?"

„Ich habe gerade ein Motorrad gekauft und Gott hat mir gesagt, dass ich es dir geben soll."

Ich fragte: „Was für eines ist es?"

„Eine Yamaha 650."

Also fuhr ich es nach Hause – 400 Kilometer!

## Geben aus dem Glauben

Einige Jahre später hatte ich einen Einsatz geplant, aber nicht das Geld verfügbar, um loszulegen. Das machte mir nichts aus. Ich war schon vorher ohne Geld durch die Vereinigten Staaten und Mexiko gezogen.

Dennoch hatte ich zu dieser Zeit Aussagen wie diese gemacht: „Vielleicht musst du etwas verkaufen, um dein Wort erfolgreich zu machen. Vielleicht musst du deinen Lebensstandard verändern, um etwas in die Mission zu geben."

Gott würde mir nicht erlauben zu predigen, was Er mir nicht 24 Stunden am Tag abverlangt. Als ich unerwartet $ 1000 für den Einsatz brauchte, war das Geld nicht da.

Das Erste, das mir in den Sinn kam, war mein Motorrad. Ich nahm das Telefon, rief bei Yamaha an und fragte, ob sie es kaufen wollten. Sie gaben mir $ 1000 dafür, obwohl es das nicht wert war. Zu dieser Zeit konnte man ein neues für $ 1600 kaufen. An einem Samstagmorgen hatte ich innerhalb von fünfzehn Minuten mein Motorrad und die Besitzrechte eingetauscht und war auf dem Weg nach Mexiko. Meine Frau war entsetzt darüber.

Sie sagte: „Aber es ist dein Motorrad – du hast es durch deinen Glauben bekommen."

Das stört mich nicht. Ich werde das Hundertfache an Motorrädern zurückbekommen!"

Man kann dieses Prinzip vom „Leben, um zu geben" nicht aufhalten! Ich gab mein Motorrad um des Evangeliums willen, also kann ich gar nichts dagegen tun, dass ich ein Motorrad erhalte.

Benutze deinen Glauben! Es funktioniert!

KAPITEL 12

# Bepflanze ein größeres Feld – fahre eine größere Ernte ein

Ich hasse es, Geld für mich selbst auszugeben. Ich gebe es gerne aus für Jackie und die Kinder oder auch andere Menschen. Ich mag es nur nicht für mich selbst ausgeben. Ich habe Gott für die ganze Kleidung, die ich habe, geglaubt und so mag ich es. Ich setze meinen Glauben ein und glaube Ihm für Kleidung – und Er stellt sie bereit.

Natürlich säe ich Kleidung in das Evangelium (nicht die alte Kleidung, sondern neue). Ich möchte keine ausgetragene Kleidung ernten. Ich möchte neue ernten! Ich gebe mein Geld für die Mission aus und Gott versorgt mich mit Kleidung. Ich habe in all den Jahren in der Mission nur zwei Anzüge gekauft. Einen davon habe ich einmal getragen und dann weggegeben.

Eines Tages sagte Jackie: „Terry, du bist ein Gesandter Gottes. Du kannst nicht weiter diese seltsamen braunen Schuhe tragen."

Schließlich sagte ich: „In Ordnung, wenn es für dich so wichtig ist und dich glücklich macht, setze ich meinen Glauben ein und glaube Gott für braune Schuhe. Danke, Gott, für braune Schuhe, die zu meinem braunen Anzug passen. Ich glaube, dass ich sie erhalte, wenn ich bete, in Jesu Namen, Amen."

Einige Tage später sollte ich in Dallas, Texas, sprechen und Charles Capps hielt ein Treffen in der Gemeinde in Fort Worth ab, in der Jerry Savelle damals Pastor war. Samstagabend nahm ich an dem Treffen teil. Samstagnachmittag kamen wir an einem kleinen Laden vorbei, den ich noch nie gesehen hatte.

Ich sagte: „Herr, da ich glaube, dass Du mir Schuhe gibst, mach doch bitte … Schuhe daraus" und ich nannte eine beliebte Marke.

Im hinteren Teil des Ladens gab es solche Schuhe mit 40% Nachlass im Ausverkauf! Ich wollte die Schuhe nicht kaufen, da ich Gott gebeten hatte, sie mir zur Verfügung zu stellen. Aber wenn Gott mir ein gutes Angebot macht, werde ich den Leuten erzählen, dass Er mir ein gutes Angebot gemacht hat. Ich entschied mich, die Schuhe wegen des guten Preises zu kaufen, und sie passten. Dennoch war ich nicht begeistert darüber. Für mich war es nur das Zweitbeste.

An diesem Abend in Fort Worth zog ich meine neuen Schuhe und meinen neuen braunen Anzug an und machte mich auf, um Charles Capps predigen zu hören. Als ich dort war, sah ich einen Missionar in einem braunen Anzug, aber seine Schuhe sahen nicht besonders gut aus! Nach dem Gottesdienst ging ich zu dem Mann, zog meine Schuhe, die ich nur zwei Stunden getragen hatte, aus und sagte: „Hier. Probiere sie mal an."

Er probierte sie an und sie passten perfekt!

Ich sagte: „Sie gehören dir", und ging auf Socken davon.

Als ich zum Motel zurückkam, fragte Jackie: „Wo sind deine neuen Schuhe?"

„Ich habe sie weggegeben.“

Das überraschte sie nicht.

Sie sagte: „Du kannst es einfach nicht aushalten, etwas zu haben. Du gibst es immer weg!“

Ich antwortete: „Jetzt werde ich es hundertfach zurückbekommen und ich habe immer noch diese braunen Schuhe, für die ich Gott geglaubt habe!“

Am nächsten Tag fuhren wir nach Dallas. Nach meiner Predigt ging ich die Gebetsreihe entlang und legte den Menschen die Hände auf.

Als ich zu einem Mann kam und ihn fragte, was er wollte, sagte er: „Ich soll dir Schuhe geben.“

Ich sagte: „In Ordnung. Lass mich nur eben für diese Menschen zu Ende beten.“

Ich betete für sie, dann kam ich zurück und fragte: „Also, was werden wir tun?“

Er sagte: „Ich bin der Geschäftsführer eines Schuhladens. Wenn du mit zum Laden kommst, werde ich dir Schuhe geben.“

Als wir in seinem Laden waren, brachte er zwei Paar Schuhe der Marke, um die ich Gott gebeten hatte, und gab sie mir: ein braunes und ein graues Paar! Ich habe schließlich meine Schuhe bekommen!

## Gott braucht etwas, um es zu vervielfachen

Das ist ein einfacher Handel, aber du kannst dasselbe mit Autos, Flugzeugen oder sonst irgendetwas tun. Es spielt keine Rolle, was du hast. Schau nur nicht auf die falsche Welt. Grapsche nur nicht mit beiden Fäusten. Lebe nicht mit einem verschlossenen Herzen oder einer geschlossenen Faust. Lebe mit einem offenen Herzen und einer offenen Hand. Lerne, zu teilen.

Lerne, zu sagen: „Was Mein ist, ist Dein, Herr. Bediene Dich einfach."

Zuerst einmal möchte Er dich segnen, wenn Er dich um etwas bittet. Das ist das Prinzip Gottes. Du musst zuerst geben, dann hat Er etwas, das Er dir vervielfältigt zurückgeben kann. Gott ist im Geschäft von Addition und Multiplikation. Satan ist im Geschäft von Subtraktion und Division.

Nach Markus 10,30 gibt dir Gott das, was du um des Evangeliums willen gegeben hast, hundertfach zurück, jetzt in diesem Leben, mit ewigem Leben im zukünftigen Leben.

Manche Leute werden sagen: „Mit Verfolgungen, Bruder Terry!"

Ich weiß, dass es da steht, aber du musst nicht deinen Glauben einsetzen, um Verfolgungen zu erleiden. Sie sind eine automatische „Segnung"! Nicht unbedingt von Gott! Wenn du erst einmal erfolgreich bist und das Hundertfache zurückbekommst, werden deine Familie und Freunde für die Verfolgung sorgen.

Was immer du gibst, weil du vom Evangelium bewegt bist, wird Gott hundertfach vervielfältigen und dir zurückgeben. Wenn du Gott nichts gibst, wird Er es durch Seinen Computer jagen und dir das Hundertfache zurückgeben, aber du kannst deine Miete nicht mit einer hundertfachen Null bezahlen!

Denk an die Witwe in der Bibel, die zum Propheten kam und sagte: „Mein Mann hatte Schulden und ist gestorben, jetzt kommen die Gläubiger, um mir meine Söhne wegzunehmen, weil ich diese Schuld nicht begleichen kann. Was soll ich tun?“ (2. Könige 4, 1–7)

Der Prophet fragte: „Was hast du?“

Sie antwortete: „Alles, was ich habe, ist ein wenig Öl.“

Der Prophet sagte: „Das ist genug.“

Gott brauchte etwas, um es zu vervielfachen.

Elisa sagte: „Schick deine Söhne zu den Nachbarn, um alle Gefäße auszuleihen, die ihr bekommen könnt. Dann geht in dein Haus, verschließt die Türen und schenkt das Öl ein.“

Sie taten, was er gesagt hatte. Sie holten alle Gefäße, die sie finden konnten, gingen ins Haus und schlossen die Türen.

Dann nahm die Witwe das bisschen Öl, das sie hatte, und begann einzuschenken. Sie goss und goss und goss! Sie füllte alle Gefäße, die sie hatte. Als sie das letzte Gefäß gefüllt hatte, ging das Öl aus. Ich glaube, wenn sie genug Gefäße gehabt hätte, würde sie heute immer noch einschenken! Das Öl ging nicht aus, bis die Gefäße ausgingen.

Danach ging sie zum Propheten und fragte: „Was sollen wir mit all dem Öl tun?“

„Geh und verkaufe es, bezahle deine Schulden und lebe von dem Rest.“

Sie hatte Öl in ihrer Küche, aber ihr war nicht bewusst, dass sie etwas hatte, das Gott vervielfachen konnte.

Da war noch eine andere Witwe, deren Nachbarn verhungerten, da eine Hungersnot im Land war. Sie dachte, sie würde wohl auch verhungern. Dennoch, als sie hinausging, um Holz für ihr letztes Essen zu sammeln, begegnete sie einem Propheten Gottes (1. Könige 17,10–24).

Der Prophet sagte: „Back mir ein Fladenbrot."

Sie sagte: „Ich kann nicht. Ich werde Fladenbrot für meinen Sohn und mich selbst backen. Wir werden essen und sterben, denn das ist alles, was wir an Öl und Nahrung haben."

Er sagte: „Mach zuerst für mich ein Fladenbrot."

Wenn du zuerst Gott etwas gibst, wird Er es vervielfachen. Als sie dem Propheten ein Fladenbrot gebacken hatte und ihm gab, hatte sie noch genug übrig, um Fladenbrot für ihren Sohn und sich selbst zu backen. Der Prophet zog bei ihnen ein und blieb für etwa ein Jahr dort. Jeder hatte ein Fladenbrot zu jedem Frühstück, Mittagessen und Abendessen. Neun Fladenbrote pro Tag für 365 Tage ergaben insgesamt 3.285 Fladenbrote – aus so gut wie nichts! Gott vervielfachte ein Fladenbrot zu vielen Fladenbroten. Er braucht etwas, um es zu vervielfachen.

## Die zwei Seiten der Wohlstandsmedaille

Viele Menschen sagen: „Ich möchte etwas geben, aber ich habe nichts zu geben."

In Wahrheit meinen sie, dass sie nichts zu geben haben, ohne dass sie ihren Lebensstandard verändern. Aber Gott will deinen Lebensstandard erhöhen.

Die Wohlstandsmedaille hat zwei Seiten. Viele Menschen lehren Wohlstand, aber nur wenige zeigen dir die andere Seite der Medaille, die „Verantwortung" heißt. Du sollst nicht geben, um reich zu werden und Spaß zu haben. Du sollst geben, um reich zu werden, um die Welt damit segnen zu können.

Du säst, dann erntest du. Du säst wieder und bekommst eine größere Ernte. Du streust Samen in ein noch größeres Feld, damit du eine noch größere Ernte einfahren kannst. Während du das tust, hebt Gott deinen Lebensstandard – und jeder in deiner Umgebung wird wissen, dass Gott der Allmächtige das getan hat.

Ich bin jedes Mal begeistert, wenn ich 1. Mose 26 lese. Im Land herrschte eine Hungersnot und alle Menschen mussten darben. Sie beschlossen, nach Ägypten zu gehen, um etwas zu essen zu bekommen; auch Abrahams Sohn Isaak beschloss, nach Ägypten zu gehen.

Aber Gott sagte: „Geh nicht dorthin. Bleib in dem Land, das ich dir nennen werde und deinem Vater zugesagt habe, und ich werde den Eid bestätigen, den ich Abraham gegeben habe.

Isaak gehorchte. Er blieb und säte ins Land – und er erntete hundertfach im selben Jahr! Er erlebte eine großartige Zunahme. Das Wachstum ging weiter und wurde noch großartiger. Er hatte große Herden und viele Diener – und die Philister beneideten ihn. Das lag an Gottes Bund.

Haben dich je die Philister beneidet? Das werden sie, sobald du anfängst, in der Sache Gottes und gemäß Seinem Wort zu handeln.

Deine Nachbarn und Verwandten werden anfangen zu sagen: „Ich weiß nicht, wie sie das machen. Der Kaffee ist teuer, das Benzin ist teuer, die Lebenshaltungskosten steigen und dem Land geht es schlecht. Wie machen sie das?“

Als die Schweinegrippe-Epidemie zum ersten Mal grassierte, lebten wir in Mexiko und man hörte überall: „Die Schweinegrippe kommt. Das ist das Schlimmste. Es ist furchtbar!“

Als wir uns in West-Texas mit einigen Damen unterhielten, fragten sie: „Werdet ihr euch gegen Schweinegrippe impfen lassen?“

Ich antwortete: „Ich bin schon längst geimpft.“

„Wie kann das sein? Es ist ein neuer Impfstoff.“

Ich sagte: „Die Bibel sagt, dass sich keine Plage meinem Haus nahen wird (Psalm 91,10). Ich bin durch das Wort Gottes geimpft. Ich bin durchtränkt mit dem Blut Jesu, und wir erlauben Krankheit in unserem Haus nicht.“

## Zwei Arten zu geben

Es gibt zwei Arten zu geben: Geben im Bekannten und Geben im Unbekannten. Es gibt gehorsames Geben und kreatives Geben.

Wenn Gott dir sagt, dass du 100 Euro geben sollst und du hast sie in der Tasche, erfordert es keinen Glauben – es erfordert Gehorsam. Es liegt ein Segen darauf, wenn du im Bekannten gibst. Dann kommt die Zeit, wenn Gott zu dir spricht und dich auffordert, 1000 Euro zu geben.

Du antwortest „Herr, ich habe keine 1000 Euro, aber ich werde sie geben. Wir werden zusammenarbeiten müssen. Du stellst sie zur Verfügung und ich werde sie ganz sicher geben.“

Wenn du das tun kannst, hast du dich in eine neue Dimension des Gebens begeben. Du wirst nie so einen Nervenkitzel erleben, bis du es nicht tust. Das ist Geben im Unbekannten – kreatives Geben im Glauben.

Du wirst nie in der Lage sein, den Glauben zu lehren, bis du lernst, ihn zu leben. Du wirst nie lernen, im Glauben zu leben, wenn du nicht lernst, im Glauben zu geben. Ich weiß, wovon ich rede. Der Glaube ist durch die Liebe wirksam.

Lass mich dir drei Fragen über das Sparen von Notgroschen stellen:

Wer hat dir gesagt, dass du einen Notgroschen brauchst? Du hast es nicht aus dem Wort Gottes. Gottes Wort fordert dich nie auf, für morgen zu sorgen. Tatsächlich sagt es genau das Gegenteil. Die Israeliten baten um einen ausreichenden Vorrat an Manna, aber Gott gab ihnen immer nur eine Tagesration.

Wenn du einen Notgroschen hättest, wie groß müsste er sein – € 10.000, € 50.000 oder wieviel? Eine Krankheit könnte ihn aufzehren. Von welcher Katastrophe gehst du aus und was würde sie kosten?

Woher weißt du, dass dein Notgroschen nicht schon längst verrottet ist? Du kannst gar nicht genug Geld auf die Bank bringen, um etwas von den Zinsen zu haben. In der Zeit, die nötig ist, um Zinsen zu erwirtschaften, hat die Inflation sie schon aufgefressen.

Es gibt etwas, was mit absoluter Sicherheit funktioniert: Säe in ein größeres Feld um des Evangeliums willen, und Gott wird sich darum kümmern, dass du eine größere Ernte einfährst!

KAPITEL 13

# Bist du ein Überwinder oder mehr als ein Überwinder?

Christ, trägst du mehr als den Helm des Heils?

Ich bin begeistert von der Waffenrüstung Gottes. Die Menschen, die die vollständige Waffenrüstung Gottes tragen und den Heiligen Geist nicht kennen, tun mir leid. Gott sei gedankt für den Helm des Heils. Aber wenn du im Schlachtfeld stehst mit nichts außer dem Helm des Heils, ohne eine andere geistliche Waffe, wird der Teufel kommen und aufs Geratewohl mit diesen feurigen Pfeilen auf dich schießen.

Einfach nur gerettet zu sein wird dir nicht helfen, diese Schlacht zu gewinnen. Ich glaube, dass wir die Schlachten hier unten gewinnen sollten. Ich glaube an einen lebensbejahenden Gott und ein lebensbejahendes Evangelium.

Ich glaube an das Gewinnen und ich glaube, wir sollten hier unten gewinnen. Ich weiß, dass alles gut ist, wenn wir in den Himmel kommen, aber ich möchte, dass es auch hier auf der Erde gut ist. Ich wäre schon begeistert, wenn Gott mir sagen würde, ich wäre ein Überwinder. Aber Er sagte, wir sind mehr als Überwinder! Gelobt sei Gott!

## Was ist der Unterschied?

Wenn ein Preisboxer einen großen Kampf vor sich hat, der ihm eine Menge Geld wert ist, wie bei einer Weltmeisterschaft, wird er Monate im Voraus mit dem Training anfangen. Wenn er trainiert, wird er auf nichts anderes schauen und sich von nichts anderem ablenken lassen. Er lebt für diesen einen Kampf.

Er wird auf ein Trainingscamp fahren, weit weg von allem. Er achtet auf seine Ernährung; er macht Lauftraining; er hat Übungspartner. Alles, was er tut, ist auf diesen einen Kampf abgestimmt, denn wenn der letzte Gong läutet, will er der Überwinder sein.

Alles, was er tut, ist ausgerichtet auf den Abend, wenn er in den Ring steigt und auf seinen Gegner trifft. Er trainiert immer weiter und weiter und weiter. Schließlich kommt der Tag. Er geht in die Arena und in den Ring. Die Boxer werden vorgestellt und der Kampf beginnt. Er und sein Gegner kämpfen und kämpfen viele Runden.

Dann läutet endlich der Gong und seine Hand wird für den Sieg erhoben. Er ist ein Überwinder. Er mag angeschlagen sein, er mag verletzt sein, er mag müde sein, aber er ist immer noch der Überwinder. Er krabbelt aus dem Ring unter dem Applaus aller Menschen. Er ist immer noch der Überwinder.

Er geht zurück in die Garderobe – immer noch der Überwinder. Er duscht und zieht sich an – immer noch der Überwinder. Er geht rüber ins Büro, um den Scheck für den Überwinder abzuholen – das ganze Geld, das er für den Sieg bekommt!

Dann nimmt er als Überwinder seinen Scheck mit nach Hause. Als er zur Tür hereinkommt, kommt seine Frau und küsst ihn und er gibt ihr den Scheck. Sie ist mehr als ein Überwinder!

Er hat die ganze Arbeit getan, ist durch die ganzen Schwierigkeiten gegangen, hat den Kampf gekämpft und kam als Überwinder hervor. Die Frau hat gar nichts getan, aber sie hat das ganze Geld. Sie ist mehr als ein Überwinder!

Siehst du dich selbst und Jesus irgendwo da drin?

Jesus kam und hat den Kampf gekämpft. Er hat den Teufel mühelos geschlagen. Er hat Satan alle Macht, die er hatte, entrissen, ihn zunichte gemacht und zur Schau gestellt. Er hat Fürstentümer und Mächte zerstört und nahm dem Teufel und seinen Dämonen jede Macht. (Kolosser 2,15; Matthäus 28,18)

Und was, denkst du, hat Jesus dann mit der ganzen Macht getan? Er hat sie nicht in den Himmel mitgenommen. Er gab sie der Gemeinde! Er gab sie dir und mir.

Er sagte: „Ich bin aus dieser Sache als Überwinder hervorgegangen. Ich habe den Teufel geschlagen. Ich habe ihn überwältigt. Ich habe die Schlüssel des Todes, der Hölle und des Grabes. Ich habe dem Teufel alle Macht entrissen. Er kann nichts mehr tun. Es ist alles Mein; Ich bin der Überwinder."

Dann sagte Er zu uns: „Ihr habt nichts getan, aber ihr seid mehr als Überwinder. Nehmt Meinen Namen. Nehmt diese Macht. Geht und heilt die Kranken und lasst die Toten auferstehen. Verkündet das Evangelium auf der ganzen Erde. Ihr seid mehr als Überwinder."

## Jesus hat es für uns getan

Viele Menschen sagen, Glaubensprediger seien arrogant, großspurig und stolz. Aber wenn ich an die grenzenlose Macht des

Gottes des Universums denke, die in mir wohnt, lässt mich das meine Schultern straffen und aufrecht gehen.

Für nichts in der Welt könnte man mich dazu bringen, ohne Gott den Rio Grande Fluss nach Mexiko (oder irgendein anderes Land) zu überqueren. Man würde mich nicht über die Grenze kriegen – noch nicht einmal, um ein Souvenir zu kaufen – ohne Gott.

Aber der grenzenlose Gott des Universums lebt in mir. Ich habe das Wort Gottes, das mich dazu auffordert: „Geh und verkünde das Evangelium." So kann ich die Grenze überqueren – gehend, fahrend oder fliegend – und das macht mir gar nichts aus.

Ich sage einfach: „Nimm dich in Acht, Teufel, ich komme."

Das ist die Haltung, die jeder Christ haben sollte. Wir sollten nicht vor dem Teufel davonlaufen; er sollte vor uns davonlaufen!

Einmal gab Gott mir eine Vision von einem dieser alten Schiffe, auf denen die spanischen Eroberer segelten, um neues Land zu entdecken. Sie ankerten das Schiff in der Nähe der Küste, stiegen in ein Ruderboot und ruderten an Land.

Dann nahmen sie ihre Flagge, steckten sie in den Boden und riefen: „Ich beanspruche dieses Land im Namen des Königs."

Gott hat mir aufgetragen, das zu tun.

Er sagte: „Wenn du in eine Gegend oder in ein Land kommst, nimm die christliche Flagge, geh hinein, stecke sie tief in den Boden und rufe: ‚Ich beanspruche es für König Jesus!' und vertreibe den Teufel."

Auf diese Art führen wir unseren Dienst. Jedes Mal, wenn wir an einen Ort kommen, vor allem, wenn ich in einem Privatflugzeug fliege, umrunde ich den Ort einige Male und sage: „Wir stürzen den Mächtigen, der in der Luft herrscht, denn wir übernehmen diesen Ort, während wir hier sind." Gott bestätigt Sein Wort immer.

Nimm diese Prinzipien, die ich dir mitgeteilt habe. Nutze sie, um dir selbst und anderen zu helfen – und denk daran: Wenn du ein Christ bist, lebt der unbegrenzte Gott des Universums in dir. Das macht dich nicht zu einem Verlierer, sondern zu mehr als einem Überwinder!

# Gebet zur Errettung und Erfüllung mit dem Heiligen Geist

*Himmlischer Vater – ich komme im Namen Jesu zu Dir. Dein Wort sagt: „Jeder, der den Namen des Herrn anruft, wird errettet werden" (Apostelgeschichte 2,21). Ich rufe Dich jetzt an, Herr, und bitte Jesus, in mein Herz zu kommen und der Herr meines Lebens zu sein. Ich handle gemäß Römer 10,9–10, wo es heißt: „Denn wenn du mit deinem Mund Jesus als den Herrn bekennst und in deinem Herzen glaubst, dass Gott ihn aus den Toten auferweckt hat, so wirst du gerettet." Ich tue dies nun. Ich bekenne, dass Jesus mein Herr ist, und ich glaube in meinem Herzen, dass Du, Vater, Ihn aus den Toten auferweckt hast.*

*Nun bin ich wiedergeboren! Ich bin ein Christ – ein Kind des Allmächtigen Gottes! Ich bin gerettet!*

*Du sagst in Deinem Wort auch: „So nun ihr, die ihr böse seid, euren Kindern gute Gaben zu geben versteht, wie viel mehr wird der Vater im Himmel den Heiligen Geist denen geben, die ihn bitten" (Lukas 11,13). Ich bitte Dich auch, mich mit dem Heiligen Geist zu erfüllen. Ich empfange den Heiligen Geist jetzt im Glauben. Heiliger Geist, erweise Dich stark in mir, wenn ich Gott, meinen Vater, lobe und preise! Ich erwarte, jetzt in anderen Sprachen zu reden, so wie Du, Heiliger Geist, es mir auszusprechen gibst (Apostelgeschichte 2,4).*

Fange an, Gott dafür zu danken, dass Er dich mit dem Heiligen Geist erfüllt *hat*. Sprich die Worte und Silben aus, die du empfängst. Es sind nicht Worte deiner deutschen Sprache. Du musst dazu deine eigene Stimme verwenden, damit Gott durch dich sprechen kann.

*Nun* bist du ein geisterfüllter Gläubiger. Fahre mit dem Segen fort, den Gott dir gab und bete jeden Tag in Zungen. Du wirst niemals mehr derselbe Mensch sein!

Finde eine gute christliche Gemeinde, die freimütig das Wort predigt, und befolge es. Werde Teil einer Gemeindefamilie, die dich liebt und sich um dich kümmert, so wie du sie liebst und dich um sie kümmerst. Wir müssen miteinander verbunden sein. Das mehrt unsere Stärke in Gott. Es ist Gottes Plan für uns.

# Über den Autor

Dr. Terry Mize hat bereits einen weltweiten Dienst von nahezu 50 Jahren hinter sich. Terrys Ziel war es stets, die Unerreichten zu erreichen und die Unwissenden zu unterweisen. Er hat all die Jahre damit zugebracht, den Verlorenen Errettung zu predigen, Lehrveranstaltungen durchzuführen, um vor allem über Glaube und Autorität zu lehren und den Menschen mit Gottes Heilungskraft zu dienen. Außerdem war es auch immer sein Bestreben, christliche Leiter auszubilden und für Waisen zu sorgen. Sich allezeit voll und ganz dem Dienst des Meisters zu widmen, war und ist Bruder Terrys Motto.

Den Ruf Gottes für den Dienst erhielt er in sehr jungen Jahren, als er im Dschungel von Panama bei einem Indianerstamm lebte. Zunächst diente er hierauf zusammen mit seiner Ehefrau Jackie als Missionar in Mexiko. In den anschließenden Jahren bis heute führte er weltweit Evangelisationsveranstaltungen in verschiedenen Ländern durch.

Terry Mize ist Ehemann, Vater, Großvater, Autor und Sprecher. Er ist der Gründer und Präsident von *Terry Mize Ministries* und *The Jackie Mize International Children's Foundation*. Jackie ist die verstorbene Ehefrau von Terry. Sie ist die Autorin des Bestsellers „Übernatürliche Entbindung".

Wenn Terry und seine zweite Ehefrau Renée nicht im Ausland predigen, dienen sie in Gemeinden, Bibelschulen und Versammlungen in den Vereinigten Staaten. Zahlreiche Wunder begleiten ihren Dienst, während sie über die Integrität des Wortes Gottes lehren.

www.terrymize.com

# Produktempfehlungen

## Terry Mize

### Wie Gott dich sieht

Gott sieht dich in Christus als gerecht, als geliebt, als gesegnet und erfolgreich. Er hält Ausschau nach Menschen, die die Position annehmen und ausüben, die Er ihnen verliehen hat.

*Minibuch, 49 Seiten, € 2,00*

## Jackie Mize

### Übernatürliche Entbindung

Dieses Buch beinhaltet einen praktischen und realistischen Blick auf Gottes Verheißungen für Empfängnis, Schwangerschaft und Entbindung. Es ist das persönliche Zeugnis von Jackie & Terry Mize, wie sie u.a. Kinderlosigkeit und Geburtsschmerzen bezwangen und gemäß Gottes Wahrheiten & Glaubensprinzipien triumphierten!

*Taschenbuch, 120 Seiten, € 8,00*

*Hörbuch MP3-CD € 12,00*

*E-Book Download € 8,00*

# Weitere Publikationen des Shalom-Verlages:

John Avanzini
30, 60, Hundertfältig
Der Reichtum der Welt
Krieg den Schulden
Es funktioniert nicht, Bruder John!
Fordere dein gestohlenes Eigentum zurück
Christen, die bettteln?
Der besiegte Feind
Geld hat eine Sprache
Sind der Zehnte und die Opfergabe dasselbe?
Überwinde die sieben Todesängste
Was bedeutet „hundertfältig“?
Wer verursacht deine Probleme?
Wie viel Geld ist genug?
Bewege die Hand Gottes
Ständiger Überfluss
Kraftvolle Prinzipien der Zunahme
Sieben zuverlässige Schritte zur Zunahme
Die Gesetze der Ernte
22 Schlüssel für einen geöffneten Himmel
Den Zehnten geben – heute noch aktuell?

Mark T. Barclay
Wie man das richtige Verhältnis zum Pastor ...

Buddy Bell
Der Dienst der Hilfeleistung
Der Segen der Hilfeleistung

F.F. Bosworth
Biblischer Glaube empfängt

Mark Brazee
Ist das Problem größer als dein Glaube?
Heilung: Zufall oder Entscheidung?
31 Tage der Heilung – Tägliche Andachten

Annette Capps
Verfolgung verstehen
Quanten-Glaube
Verwandle den Fluch in Segen
Entferne die Blockaden zu Heilung und Gesundheit

Beverly Capps
Die drei Bären im Dienst
Klein Hühnchen überwindet Angst
Hans und die Bohnenstange
Die drei kleinen Schweinchen
Rotkäppchen
Gottes schöpferische Kraft f. Babys & Kleinkinder
Gottes schöpferische Kraft für Vorschulkinder
Gottes schöpferische Kraft für Kinder
Gottes schöpferische Kraft für Großeltern

Charles Capps
Gottes Bild von dir
Rufe, was nicht ist
Die Sprache – eine schöpferische Kraft
Freisetzung des Wirkens Gottes durch Gebet
Hoffnung – ein Partner des Glaubens
Verändere das Sichtbare u. forme das Unsichtbare
Endzeitereignisse
Glaube und Bekenntnis
Schlachte die heiligen Kühe der Irrlehren
Deine geistliche Autorität
Wie du Tragödien vermeiden kannst
Der Bote Satans
Erfolgsmotivation durch das Wort
Der Glaube – die Grundlage der Dinge
Göttlicher Glaube ändert sich nicht
Das Licht des Lebens im Geist des Menschen
Wenn Jesus durch dich betet
Glaube, der durch dich wirksam ist
Saat und Ernte
Gottes schöpferische Kraft
Gottes schöpferische Kraft für Heilung

Charles & Annette Capps
Gottes schöpferische Kraft für Finanzen
Der Dienst der Engel

Yonggi Cho
Schlüssel zum siegreichen Leben

## Gloria Copeland
Der unbesiegbare Geist des Glaubens
Dem Vater wohlgefallen
Deine Heilung ist Gottes Wille
Dränge hinein – es lohnt sich!
Ernte der Gesundheit
Gottes Erfolgsformel
Gottes Rezept für Gesundheit
Gottes Wille für dich
Kämpfe weiter!
Leuchte weiter! Überwinde Verfolgung
Ohne Einlage kein Ertrag
Baue dir eine Arche – Befreiung von Gefahr
Das Warten lohnt sich
Lebe jetzt in den Segnungen des Himmels
Sei ein Gefäß zur Ehre!
Der Heilige Geist ist Gottes Wille
Baue dein finanzielles Fundament
Liebe – das Geheimnis zu deinem Erfolg
Die Kraft, ein neues Leben zu führen
Der Schutz der Engel
Bist du bereit?
Gott hat ein Wunder für dich
Jesus – derselbe heute
Wahrer Wohlstand
Wandle im Fluss des Heiligen Geistes
Gott sucht einen Empfänger
... und Jesus heilte sie alle
Vom Himmel hören
Über alle Maßen gesegnet
Verborgene Schätze (aus den Sprüchen)
Nichts ist so hoch wie der Allerhöchste
Wohlstand ist der Wille Gottes
Die Gnade, die uns heiligt
Durch das Feuer gehen

## Kenneth Copeland
Der Blutbund
Der Segen des Herrn
Dein gerechter Stand vor Gott
Der übernatürliche Bereich der Liebe Gottes
Die Einstellung eines Siegers
Die Entscheidung liegt bei dir
Die Kraft der Gerechtigkeit
Die Kraft des Glaubens
Die Liebe versagt Nie
Du bist geheilt!
Ein Haus ohne Spaltung
Frei von Angst
Gebet – dein Fundament für Erfolg
Geben und Empfangen
Das Bild Gottes von dir
Glaube und Ausdauer – das Kraftduo
Jetzt, da du in Jesus Christus bist
Sechs Schritte zur Vortrefflichkeit im Dienst
Sorge dich nicht! – Sieg über Kummer und Leid
Wie diszipliniert man sein Fleisch?
Wie du stets die richtige Entscheidung triffst
Wie überwindet man Streit?
Willkommen in der Familie Gottes
Wir leben am Ende des Zeitalters ...
Unser Bund mit Gott
Wohlstand – die Entscheidung liegt bei Dir
In der Liebe ist keine Furcht
Verwandle deine Verletzungen in Ernteerträge!
Die geistlichen Gesetze des Wohlstands
Kriegsgerüchte
Die Macht der Zunge
Die Empfindsamkeit des Herzens
Ehre – Leben in Ehrlichkeit, Wahrheit u. Integrität
Die Kraft, für immer frei zu sein
Kenne deinen Feind
Liebesbriefe vom Himmel
Gesegnet, um ein Segen zu sein
Rassismus in der Gemeinde
Empfange wie ein Kind, lebe wie ein König

## Kenneth & Gloria Copeland
Aus Glauben zum Glauben
Kindererziehung ohne Angst
Baue dich auf (Tägliches Wort)
Grenzenlose Liebe
Familienverheißungen
Schutzverheißungen
Trachte nach Seiner Gegenwart

## Commander Kellie/Ch.Maselli – Superkids
Die geheimnisvolle Gegenwart (Kinderroman)

## Billy Joe Daugherty
Glaubenskraft
Wie man die Stürme des Lebens überwindet
Du bist wertvoll
Sieben Schlüssel zur Familien-Power
Vollkommener Sieg für dein Leben
Das Ziel: Reife
Fleiß bringt Ergebnisse
Brenne für den Herrn
Das bestmögliche Leben

Dieses neue Leben
Du kannst neu anfangen!
Gnade und Barmherzigkeit
Finde deine Berufung
Erneuere Dein Denken
Ordne deine Prioritäten
Erlange zurück, was der Teufel gestohlen hat
Verwandle deine Verletzungen in Siege
Wie man den Willen Gottes erkennt
Befreit vom Bösen

### Sharon Daugherty

An seine Seite berufen

### Markus Doblmann

Hände hoch für die Freiheit

### Creflo A. Dollar Jr.

Die göttliche Ordnung des Glaubens
Zuversicht – die fehlende Grundlage des Glaubens

### Taffi Dollar

Belebe dein geistliches Leben in nur 21 Tagen
Sei Authentisch

### Guy Duininck

Wie bringt man eine Vision von Gott zustande?

### Jesse Duplantis

Laufe auf deinen Riesen zu
Der Kampf des Lebens
Lass dich von den Nachrichten der Welt nicht ...
Halte deinen Fuß auf dem Nacken des Teufels!

### Erich Fitz

Geschäfte mit Gott

### Willie George

Gospel Bill und der Bandit
Gospel Bill und der Hengst
Studienhefte Glaubenswurzeln
für Kindern von 6–8 Jahren
Studienbände Glaubenswurzeln
für Kinder von 2-5 Jahren

### Rick Godwin

Trainieren, um zu Regieren

### Doyle Harrison

Autorität verstehen
Barmherzigkeit

### Pat Harrison

Frau, Ehefrau, Mutter

### **Jeff Hartensveld**

Apostolischer Funke

### Norvel Hayes

Der einzige Weg im Kampf gegen den Teufel
Der Segen des Gehorsams
Fehlgeleiteter Glaube – wer ist deine Quelle?
Glaube vertraut keinen Gefühlen
Warum du in Zungen beten sollst
Wie deine Gebete erhört werden
Bekenntnis bringt Ergebnisse
Dein Herz beunruhige sich nicht
Was kann man tun, um Heilung zu empfangen?
Leben und nicht sterben
Zeit in Seiner Gegenwart

### Roy Hicks

Wer lacht, der überwindet

### Larry Huggins

Das Blut spricht

### E.W. Kenyon

Bibelkurs für Fortgeschrittene
Identifizierung – Liebesgeschichte der Erlösung
Jesus, der Heiler
Die Realitäten der neuen Schöpfung
Der Blutbund
Die zwei Arten der Gerechtigkeit
Die zwei Arten der Erkenntnis
Die zwei Arten des Glaubens
Der wunderbare Name Jesu
Wegweiser auf der Straße zum Erfolg
Was geschah vom Kreuz bis zum Thron?
Die Bibel im Licht unserer Erlösung
Die neue Art der Liebe
Persönliche Evangelisation
Die zwei Arten des Lebens
Der Vater und Seine Familie
Der verborgene Mensch des Herzens
In Seiner Gegenwart
Wer wir in Christus sind
Wie man Christ wird & Nimm in Anspruch ...

### E.W. Kenyon & Don Gossett

Die Kraft deiner Worte
Die Kraft des gesprochenen Glaubens

### Joe McIntyre

E.W. Kenyon – und seine Botschaft des Glaubens

### Jackie Mize

Übernatürliche Entbindung

### **Terry Mize**

Wie Gott dich sieht
Mehr als Überwinder

### Daisy Osborn

Die Frau Gottes
Wenn Frauen Gewinner werden
Die neue Frau für die neue Gemeinde
Die Frau mit göttlichem Selbstwert

### T. L. Osborn

Neue Aussichten
Glaube, Hoffnung und Liebe

Wagender Glaube
Gebete, die Wunder wirken
Drei Gaben, die dich zum Gewinner machen
100 Tatsachen über Heilung
Aufschwung des Glaubens
Im Zielpunkt mit Gott
Kraft der Liebe
Dynamisches Leben
Unbegrenzter Erfolg
Samen des Erfolgs
Handbuch für Seelengewinner
Heilung durch Christus
Die Sprache des Glaubens
Drei Schlüssel zur Apostelgeschichte
Gottes Bund der Fülle
Vorstoß (Weltevangelisation)
Der Zweck von Pfingsten
Halte dich zu diesem Wagen
Du bist Gottes Bestes!
Der große Liebesplan
Die Kraft des göttlichen Begehrens
Krankenheilung (überarbeitete Neuauflage)
Glaube, der deine Welt verändert
Biblische Heilung
Die Botschaft, die funktioniert
Das beste Leben

## Daisy & T.L. Osborn

Blick auf! Blick auf!
Gottes Leben in dir – Gewinne mit Christus

## LaDonna Osborn

Jesus & Frauen
Sage Dank
Friede ist ein Lebensstil
Die gute Nachricht
Gottes großes Bild

## Frederick K.C. Price

Wer ist Satan?
Gott für alles danken?
Wie vertraut man Gott f. d. richtigen Ehepartner?
Gottes Glaube ist jetzt
Homosexualität – angeborener Zustand oder ...?
Drei Schlüssel zum positiven Bekenntnis
Identifizierung mit Christus

## Oral Roberts

Das Wunder des Saatglaubens

## Jerry Savelle

Ehre dein Erbe des Glaubens
Wenn Satan deine Freude nicht rauben kann ...
Wenn Satan deine Träume nicht rauben kann...

## Terri Savelle Foy

Du bist wertvoll für Gott
Träume groß
Sprich Klartext
Entrümple dein Leben auf dem Weg zum Erfolg

## Shalom-Verlag

Gott sehnt sich nach dir
Bekenntnisse (Gebete) für Kinder
Kinder, ergreift die Waffenrüstung Gottes!

## Lester Sumrall

Das dunkle Loch des Welthungers
Dämonen – das Buch der Antworten
Von der Vision ergriffen
Ich bekenne

## Hilton Sutton

Das Buch der Offenbarung enthüllt

## Philipp Schmerold

Das brennende Herz
Solange die Erde besteht

## Manfred Schmidt

Bete Verheißungen!
Tod und Leben sind in der Gewalt der Sprache
Israel – Gibt es eine Lösung des Nahostkonflikts?
Wer darf sich in der Gemeinde als Dienstgabe bezeichnen?
Umhergeworfen ... von jedem Wind der Lehre
Wie kommt die Gemeinde zur Einheit des Glaubens?
Segenshindernisse
Kompromisse im Leib Christi
Gottes Plan der Evangelisation
Biblischer Gemeindebau
Stolz, Machtstreben und Geldgier – 3 Fallstricke Satans
Wie man ein völlig neuer Mensch wird und ...
Die 5 Taktiken Satans, Christen das Wort zu rauben
Wie lebt man das Christus-Leben?
Die göttliche Art des Glaubens
Ist Gott der Verursacher von Gutem und Bösem?
Brauchen Christen Befreiung?
Verstehe Gottes Autoritätsordnung
Sprich Gottes Wort! (vorher Neutestamentl. Gebete)
Erkenne verführende Geister
Wie hört man den Heiligen Geist?
Biblischer Wohlstand funktioniert

## Casey Treat

Die Erneuerung des Sinnes

## Bernd Trümper

Brillant leben
Quality Time

## Word Ministries

Gebete, die viel bewirken (Band 1)
Gebete, die viel bewirken (Band 2)

## Lilian B. Yeomans

Seine Heilungskraft

# KONTAKT

Weitere glaubensstärkende

**• Literatur /Bücher • Predigten**
**• Musik • Hörbücher • DVDs**
**• und E-Books**

in deutscher und englischer Sprache
sowie in mehreren anderen Sprachen.

Auf unserer Webseite *www.shalom-verlag.eu* finden Sie unser gesamtes Angebot. Bereits ab 19,00 Euro Bestellwert liefern wir versandkostenfrei. Es gibt auch einige Gratis-Downloads von Seminaren und Konferenzen. Über eine positive Bewertung auf unserer Webseite oder bei Buchrezensionen auf Amazon und Ebay würden wir uns natürlich sehr freuen. Vielen Dank für Ihr Interesse und Ihren Besuch! Herzliche Grüße und SHALOM.

Sie können bei uns über unseren Online-Shop, per E-Mail, Telefon, Bestelllisten, Brief oder Fax bestellen!

Nibelungenstraße 1,
94086 Bad Griesbach, Bayern

Tel: +49 8532 927 12 12
Fax: +49 8532 927 12 14

info@shalom-verlag.eu
kontakt@shalom-verlag.eu

www.shalom-verlag.eu